Australien
Melbourne · Tasmanien
Der Westen

Dr. Klaus Viedebantt (Text) · Thomas P. Widmann (Fotos)

EINLEITUNG

Wunder der Natur – Abenteuer Australien

Nicht nur an der Westküste (Foto: Pinnacles) haben Wasser, Wind und Sand phantastische Kunstwerke geformt. An vielen weiteren Orten bietet Australien atemberaubende Naturszenarien. Bis auf einige Aborigines und Farmer (kl. Foto) lebt kaum jemand im Landesinnern. Das Leben konzentriert sich in den Großstädten, die in letzter Zeit immer interessanter geworden sind.

»Cricket is great«: Wenn die »Westindies« aus der Karibik gegen die Aussies antreten, ist jeder Platz im mächtigen Melbourne Cricket Ground besetzt

Der Brunnen auf dem Victoria Square ist Adelaides Mittelpunkt

Melbourne: National Museum of Victoria

Prachtstraße in Ballarat (unten)

Ein vielbesuchter Park trennt die Hochhäuser in Perth vom Swan River

Ein leichter Abendwind treibt den Sand über dem Boden vor sich her, in der untergehenden Sonne wirkt er zwischen den langen Schatten der Mulga-Büsche wie fließendes Rotgold. Die Felsenhügel strahlen in kräftigem Orangerot, das bleiche Scheinwerferlicht aus dem Eingang der »Dot Mine« wirkt in diesem Farbenrausch fremd und irgendwie unpassend. Col Bremner kennt dieses Naturschauspiel und würdigt es kaum noch eines Blickes. Er rückt seinen breitkrempigen Akubra-Hut zurecht und stapft in seine Goldmine.

Geschichten aus dem Outback, Australiens »Wildem Westen«

Sie ist kleiner als erwartet und weitgehend ausgebeutet: »Hier arbeite ich kaum noch. Weiter nördlich habe ich mir ein neues Claim abgesteckt, da ist der Ertrag ganz ordentlich.« Col ist noch ein Goldgräber der alten Schule, er arbeitet allein und nur mit wenigen Maschinen: »Es reicht zum Leben, aber den Traum vom Big Nugget habe ich längst aufgegeben.« Dann geht es durch das unterirdische Miniatur-Labyrinth wieder hinaus ins Freie.

Zu Füßen des Hügels lodert jetzt das Lagerfeuer, das Col vor dem kurzen Aufstieg zur Mine entzündet hatte. Das Land ist inzwischen dunkel, der Himmel marmoriert in Purpur und Schwarz. Die rechte Kulisse für die Goldgräbergeschichten, die Col nun erzählt, während im rußschwarzen »Billy« das Teewasser kocht. Es sind Geschichten vom Outback, dem heißen und trockenen Land im Inneren Australiens, von seinen großen und kleinen Helden, von ein paar Schurken und Exzentrikern.

Und natürlich darf die Geschichte vom nahen Tennant Creek nicht fehlen: Ein Biertransport war Anfang der dreißiger Jahre nach Norden unterwegs. Als dem Wagen die Achsen brachen, spannten die Kutscher ihre Ochsen aus und beschlossen zu bleiben und ihr »liquid amber« zu verkaufen. Die Goldgräber ringsum bezogen bei den Fässern Quartier, und so entstand Tennant Creek – so die Legende. In Wirklichkeit errichteten die Digger nach dem Beginn des letzten Goldrausches in Australien im Jahr 1933 den Ort an der Stelle, an der ganz in der Nähe der Minen im Untergrund Wasser zu finden war.

Es ist nur ein »Aussie« in der kleinen Gruppe um Cols Lagerfeuer, alle anderen kommen aus dem Ausland. Das ist typisch: Die gut 18 Millionen Australier huldigen ihrem Outback zwar wie einem Mythos, und in der nationalen Psyche kommt seiner Erschließung eine ähnliche Bedeutung zu wie in Amerika der Eroberung des Wilden Westens, aber das heißt nicht, daß man nun auch die Stätten der Entdeckertriumphe und -tragödien selber kennenlernen will oder mit eigenen Augen sehen möchte, welche Zeugnisse die älteste lebende Kultur der Erde, die Kunst der Aborigines, hinterlassen hat. Inzwischen durchziehen zwar komfortable Asphaltstraßen die Wildnis, und der Kontinent ist mit Flughäfen und Landepisten übersät. Aber dennoch sind die Einheimischen unter den Outback-Touristen in der Minderheit.

Dicht beieinander fühlen sich die Australier am wohlsten

Das ist nicht überraschend, denn das weiße Australien war immer eine städtische Gesellschaft. Das begann 1788 mit den ersten Häftlingen, die in eine zu Recht als feindlich empfundene Umwelt verbannt wurden und deshalb nahe beieinander blieben. Und das ist bei den weißen Australiern, die heute in diesem weiten Land leben, nicht anders. Australien war ein Einwandererland, und wer kam, suchte die sichere Nähe zu Verwandten und Freunden. So entstand die

Melbourne: Forum Theatre (unten)

Australiens Städte bergen mehr Sehenswürdigkeiten, als der eher für seine grandiose Landschaft bekannte Kontinent vermuten läßt. Das ist auch nicht überraschend, wenn man bedenkt, daß kein Land der Welt derart »urbanisiert« ist: Rund 90 Prozent der Australier leben an der Küste zwischen Brisbane, Melbourne und Adelaide sowie in Perth. Hier haben sich alt und neu, viktorianischer Charme und kühle Hochhausmoderne, nebeneinander eingerichtet, seitdem die Australier ihre Geschichte entdeckt haben und ihre historischen Bauten nun vor dem Abriß bewahren. Vor allem der National Trust erhält viele wertvolle Gebäude und macht sie den Touristen zugänglich.

am stärksten verstädterte Gesellschaft der Welt: Fast 90 Prozent aller Australier leben in dem südöstlichen Winkel zwischen Adelaide und Brisbane oder in der isolierten Millionenstadt Perth an der Westküste.

Da Australien dank seiner Bodenschätze ein wohlhabendes Land war, entstanden Städte mit stattlicher viktorianischer Architektur. Leider wuchs das Bewußtsein für diese erhaltenswerten Stadtbilder nicht im selben Maße mit. Wie in vielen jungen Nationen galt das Alte nicht viel, als Platzmangel und volle Kassen nach dem Krieg zu einem – architektonisch oft anspruchslosem – Neubauboom führten. Das hat sich heute zwar geändert, und der Denkmalschutz nimmt eine wichtige Rolle ein. Aber es sind in den Millionenstädten nur vereinzelt Bauten aus Australiens erstem, dem 19. Jahrhundert, erhalten geblieben. Daß Sydney, Melbourne, Brisbane, Adelaide und Perth dennoch attraktive Reiseziele sind, liegt nicht nur am meist angenehmen Klima und den freundlich-entspannten Australiern, sondern auch daran, daß die Großstädte in den letzten Jahrzehnten mächtig aufgeholt haben, was Kultur und Küche angeht.

Neue Kunst und Kultur vom »Kontinent der Pioniere«

»Down Under« nannten die Briten einst ihre Kolonie zwischen Indischem Ozean und Südsee. Sie meinten damit nicht nur die geographische Lage auf der entgegengesetzten Seite des Globus, bei ihnen schwang auch immer etwas Spott über diese »Hinterwäldler« mit. Als kulturlos galt das Volk der Exhäftlinge, Schafzüchter und Goldgräber »da unten im Busch«. Ganz unberechtigt war die Kritik nicht, die Pioniere hatten anderes, vielleicht sogar Wichtigeres zu tun, als die hohen Künste zu pflegen. Zwar gab es ein paar Gemäldegalerien, und hin und wieder gastierte ein namhafter Künstler auf dem abgelegenen Kontinent, aber erst seit den siebziger Jahren hat sich ein eigenständiges Kulturleben entwickelt. Das Land spendierte sich Opernhäuser, Konzertsäle, Bühnen und neue attraktive Museen – eine Initialzündung, die alle Kunstrichtungen befruchtete. Alle großen und kleinen Städte haben heute so viel zu bieten, daß man nicht mehr allein wegen der grandiosen Natur nach Down Under reist.

Einen großen Teil seines Reizes verdankt Australien einer außergewöhnlichen Flora und Fauna. Als der »Superkontinent« Gondwana vor 160 Millionen Jahren in Südamerika, Indien und Antarktika/Australien zerbrach, sich vor 60 Millionen Jahren Australien von der Antarktis trennte und seine heutige Position zwischen dem Indischen Ozean und dem Südpazifik einnahm, wurde der Fünfte Kontinent zur Arche Noah: Dort überlebten Südbuche, Beuteltiere, flugunfähige Vögel, eierlegende Säugetiere und viele andere Lebewesen, die anderswo längst verdrängt worden sind.

Einst verstand sich Australien – obwohl seit 1901 formal unabhängig – als »Vorposten Britanniens in der Südsee«. Nachdem aber London seine Weltmachtrolle im Zweiten Weltkrieg endgültig an die USA verloren hatte, mußte sich Australien neu orientieren. Der Fünfte Kontinent amerikanisierte allmählich. Zudem änderten die großen Flüchtlingsströme nach dem Krieg, vor allem aus den Mittelmeerländern und aus Osteuropa, das Empfinden des Landes.

Aber immer noch verfolgte es seine inoffizielle, aber traditionelle »White Australia Politic«, die sich gegen Asien wandte. Erst seit den achtziger Jahren erkennt Australien seine Rolle als pazifische Nation an und läßt auch asiatische Einwanderer ins

Tasmanien: Boat Harbour Beach in Wynyard

Australien ist der einzige Erdteil, der nicht von Ländergrenzen durchzogen ist. Alle Nachbarn des Inselkontinents sind nur per Schiff oder Flugzeug zu erreichen. Australien hat eine dementsprechend lange Uferlinie: je nach Meßmethode zwischen 15 000 und 47 000 Kilometern. Es mangelt an diesen Tausenden von Kilometern nicht an eindrucksvollen Stränden. Manche, etwa die »Metropolitan Beaches« bei den Großstädten, sind viel besucht, andere sind einsam und können oft nur vom Wasser aus erreicht werden. Einige Strände sind von Korallenriffen geschützt, auf andere prallen die Wogen der Ozeane mit ungebremster Wucht – sehr zur Freude der meist jugendlichen Surfer.

Wahrzeichen von Kangaroo Island: Leuchtturm am Cape Willoughby

»Traumstrand«: Twilight Beach an der Loop Road nahe Esperance

Bells Beach bei Torquay ist ein Mekka für Surfer aus aller Welt (unten)

Moonlight Head an der Great Ocean Road bei Port Campell

Island Archway im Port Campell National Park bei Princetown

Land. Vor allem Vietnamesen ergänzen nun die chinesischen Bevölkerungsgruppen, deren Vorfahren aber schon mit den Goldfunden Mitte des 19. Jahrhunderts ins Land kamen.
Trotzdem ist Australiens offizielles Staatsoberhaupt immer noch die britische Königin, die durch einen Generalgouverneur repräsentiert wird. Zwischenzeitlich gab es jedoch starke Bestrebungen, auch diese letzte formale Verbindung mit der Krone zu lösen und Australien zur Republik zu erklären.

Australien orientiert sich immer mehr Richtung Asien und Pazifik

Es war die Ökonomie, welche die neue Einstellung gegenüber den asiatischen Nachbarn erzwang. Australiens Wirtschaftskraft ruht vornehmlich auf der Landwirtschaft und wertvollen Bodenschätzen. Erst in jüngster Zeit sind Dienstleistungen wie der Tourismus hinzugekommen. Als sich Großbritannien der Europäischen Gemeinschaft anschloß, verlor Australien den wichtigsten Markt für seine Agrarprodukte, einen Ersatz konnte nur der asiatische Markt bilden. Asien war inzwischen schon der größte Kunde für Australiens schier unermeßliche Bodenschätze, vor allem für das Eisen und das Erdgas aus Westaustralien, aber auch für Spezialerze aus Tasmanien, Victoria und Südaustralien. Das Northern Territory verkauft insbesondere seinen »yellow cake«, sein Uranerz, nach Übersee.
Die Uranminen im Territory sind allerdings auch immer wieder ein Konfliktthema mit den Umweltschützern, denn die reichsten Lager liegen im Kakadu National Park. Zwei Minen gibt es bereits im Park, eine ist weitgehend ausgebeutet. Ein drittes Projekt namens Jabiluka konnte von einer internationalen Protestbewegung, der 1998 von Vertreterinnen des Aborigines-Volks der Mirrar – Yvonne Margarula, Jacqui Katona und Christine Christopherson – in Köln gegründeten Organisation »Stoppt Jabiluka«, in Zusammenarbeit mit den örtlichen Mirrar-Aborigines verhindert werden. Bei der Jahresversammlung des transnationalen Bergbaukonzerns Rio Tinto Zinc Ostern 2001 in London wurde ein zehnjähriges Moratorium für die Jabiluka-Uranmine beschlossen und verkündet; man hofft nun natürlich, daß das Projekt endgültig aufgegeben wird.

Zweimal Nachwuchs auf der Giralia Station in der Nähe von Exmouth

Es gibt wohl kaum einen Haushalt auf dem Fünften Kontinent, in dem nicht ein prachtvoller Bildband über die Schönheit der australischen Landschaft, über das trocken-heiße Outback, den tropisch-üppigen Norden oder die bergige Wildnis auf Tasmanien zur Ansicht parat liegt. Die »Aussies« sind unüberhörbar begeistert von ihrem Land. Aber wenn es gilt, die eigenen Ferien zu planen, fällt die Wahl meist auf ein etabliertes Strandhotel.

Bis zu 50 Meter lang können Australiens Road Trains werden

Wanderer im Valley of the Winds im Uluru National Park

Tasmanien: Lake St. Clair (unten)

Florence Falls im Litchfield National Park (unten)

Farne im Mount Field National Park in Tasmanien

Die Ureinwohner können im Northern Territory ihr Land weitgehend selbst verwalten, in den Nationalparks sind sie an der Verwaltung und den Einnahmen beteiligt. Die Nachbarn Western Australia und South Australia verfolgen die besondere Aborigines-Politik des Territory aufmerksam.

Eine Lösung für alle Probleme zwischen den rund 270 000 Ureinwohnern und der weißen Mehrheit hat auch das Territorium noch nicht gefunden. Die Aborigines tun sich immer noch schwer mit der Welt der Weißen, die ganz andere Wertmaßstäbe haben als das auf gemeinschaftlichem Eigentum und mythischer Verbindung mit dem Land gegründete Lebensgefühl der Menschen, die vor 60 000, vielleicht sogar schon vor 70 000 Jahren in Australien einwanderten. Und vor allem die jungen Aborigines schweben zwischen den Welten, viel zu viele suchen Halt im Alkohol, von dem sie nicht viel vertragen. Das gilt besonders für die Aborigines, die aus ihren Stammesgebieten in die Städte gezogen sind und dort oft ein erbärmliches Leben fristen. Das prägt das Bild vieler weißer Australier von ihren schwarzen Landsleuten und bestätigt deren Vorurteile.

Aborigines: Anerkennung durch Tourismus und Sport

Es mangelt nicht an staatlichen Hilfsprogrammen für Aborigines, aber das Verständnis für die andere Lebensweise der Ureinwohner wird dadurch kaum gefördert. Da hilft es schon eher, daß immer mehr Urlauber aus Europa anreisen, um die Kultur der Ureinwohner kennenzulernen. Seither widmet auch die australische Kulturszene den Aborigines und ihren Werken mehr Aufmerksamkeit.

Am ehesten finden die Ureinwohner jedoch die Anerkennung ihrer weißen Landsleute, wenn sie im Sport brillieren. Die bekanntesten Aborigines-Sportlerinnen sind die zweifache Wimbledon-Gewinnerin Evonne Cawley-Goolagong und Cathy Freeman, die bei den Olympischen Spielen 1996 in Atlanta über 400 Meter Silber gewann. Einige Aborigines haben es zu Erfolgen im Rugby oder im rugbyähnlichen »Football Australian Rules« gebracht, neben dem Kricket die beliebtesten Massensportarten auf dem Fünften Kontinent. Er ist ohne Zweifel der sportnärrischste. Das bewiesen die Olympischen Spiele 2000 in Sydney.

MELBOURNE »Grand Old Lady« am Yarra River

Keine andere Stadt Australiens hat so viel viktorianischen Charme wie Melbourne. Mit dem Beginn des Goldrauschs in Victoria 1851 stieg sie zur wichtigsten Stadt des Kontinents auf. Damals entstanden die prunkvollen Repräsentationsbauten, von denen einige die Zeiten überstanden haben (Foto: Flinders Street Station). Heute hat Sydney die Metropole am Yarra River überflügelt.

»Melbourne hat Stil. Sydney ist neureich und protzig.« Natürlich, dieses Zitat kann nur aus Melbourne stammen. Genauer: Aus einem Umfeld, wie es typischer nicht sein kann für die Hauptstadt von Victoria, aus einem Wagen der Straßenbahnlinie 70 auf dem langen Weg von der City nach Wattle Park. Schließlich sind die Straßenbahnen das viel geliebte Wahrzeichen der Drei-Millionen-Stadt. Britisch-konservativ hatten die Melburnians an ihren Trams festgehalten, als überall sonst in Australien die vermeintlich lahmen und unmodernen Straßenbahnen abgeschafft wurden. Nur Adelaide erhielt sich damals eine Strecke. Aber heute preist das ganze Land die Weitsicht Melbournes: Die Tram gilt inzwischen nicht nur in Australien wieder als leistungsstarkes und umweltfreundliches Verkehrsmittel. Selbst die Sydneysider überlegen, ob in ihrer Stadt wieder Tramgleise verlegt werden sollen.

Sydney hat die Konkurrentin Melbourne überflügelt

Welch ein Triumph für Melbourne. Sydney, die große Widersacherin, mußte Melbournes Trambahn-Klugheit anerkennen. Aber was da in der Linie 70 diskutiert wurde, ging wieder an den Nerv des Selbstverständnisses. »The Age«, Melbournes beste Zeitung, zitierte ein Blatt aus Sydney und dessen Bericht von einer Konferenz, bei der die Zukunftschancen beider Städte verglichen wurden. »Das Ergebnis«, las einer aus der kleinen, zufällig entstandenen Diskussionsrunde vor, »ist eindeutig. Melbourne wird Sydneys Vorsprung in übersehbarer Zeit nicht mehr einholen können.«
Das war einmal anders, denn lange Zeit hatte Melbourne die Nase vorn. Die Stadt wurde zwar erst 1835 gründet, also 47 Jahre später als Sydney. Dennoch entwickelte sich Melbourne, das nie Strafkolonie war, sehr bald zur Stadt des »alten Geldes« und des Wirtschaftsadels. Der ertragreiche Goldrausch von 1851 in Victoria verschob die Gewichte von Sydney an den Yarra River. In Melbourne siedelten sich die neuen einträglichen Unternehmen an, vor allem die Banken. Damals entstanden die prunkvollen viktorianischen Repräsentationsbauten, auf deren verbliebene Einzelstücke Melbourne heute zu Recht stolz ist. Der Bahnhof an der Flinders Street, das Royal Exhibition Building in den Carlton Gardens und einige Geschäftshäuser in der City sind dafür Beispiele. »Bank Barock« nannte sie einmal ein Kreditexperte, ein wenig spöttisch, aber auch voller Anerkennung.

Australiens Sporthochburg liegt am Yarra River

Doch nach den Goldrauschzeiten konnte die viktorianische Metropole ihren Vorsprung nicht mehr halten, geschweige denn ausbauen. Die Stadt ist heute eindeutig die Nummer zwei im Land – wenn es nicht um sportliche Dinge geht. Dann nämlich liegt Melbourne vorn. Es war kein Zufall, daß in dieser Stadt 1956 die ersten Olympischen Spiele auf australischem Boden stattfanden. Wenn Australien sportbegeistert ist, dann ist Melbourne sportverrückt. So gab es auch kaum Diskussionen um den Bau eines gigantischen Tenniszentrums mit einem riesigem Schiebedach für die Australian Open, das Treffen der globalen Tenniselite alljährlich im Januar. Ansonsten werden solche teuren Bauvorhaben in der australischen Öffentlichkeit bis zum Exzeß debattiert. Aber Melbourne ist sportlich an große Zahlen gewöhnt. Im MCG, dem traditionsreichen »Melbourne Cricket Ground«, drängeln sich beim Endspiel im Aussie-Rugby, der rabiaten australischen Variante des Fußballs, 110 000 Menschen. Und selbst wenn in der Saison – zwischen April und September – zwei der großen Clubs aus Melbourne, etwa Hawthorn und Essendon, zu einem ganz normalen Ligaspiel gegeneinander antreten, pilgern rund 80 000 Zuschauer ins Stadion, das in der anderen Jahreshälfte, im australischen Winter, den Kricketspielern vorbehalten ist.
Das Endspiel um die höchsten »Footy«-Ehren findet immer in Melbourne statt. Dort ist diese Sportart entstanden, dort waren auch stets die besten Teams zu Hause. Doch die Betonung liegt auf »waren«, denn inzwischen ist Footy auch

Trambahnen sind das Wahrzeichen Melbournes

Princes Bridge über den Yarra River

Melbourne ist eine der beiden Weltstädte Australiens. In der viktorianischen Hauptstadt am Ufer des Yarra River ist die Finanz- und Wirtschaftselite in ihren Wolkenkratzern hinter der schnörkelreichen Flinders Street Station zu Hause. Den Charme der Metropole erfährt man am besten bei einer Fahrt mit der alten Trambahn.

Im Herzen der City liegt die Swanston Street

Trotz neuer Hochhäuser bleibt der Turm der Flinders Street Station das Signum der Elizabeth Street

Geschäftsleute stellen diese Plastiken in der Bourke Street dar (unten)

Das Regent Theatre in der Collins Street wurde für Musicals wiederbelebt

Das »alte« Melbourne in der William Street

St. Kilda: Eingang zum Rummelplatz »Luna Park«

Die Melbournians sind wie fast alle Australier sehr freizeitorientiert. Ihre Stadt ist zwar im Gegensatz zur Rivalin Sydney nicht zum Meer hingewandt, aber mit der Trambahn sind es nur ein paar Minuten bis zum Strandvorort St. Kilda an der Port Phillip Bay. Die See ist so nah, daß man, wenn der Wind von Süden weht, in der City und ihren Parks den Tang- und Algengeruch von der Küste riechen kann. Einst war St. Kilda das beliebteste Vergnügungsviertel Melbournes. Drogenhandel und Kleinkriminalität haben diesen Ruf ein wenig ramponiert. Dank neuer Bars und Restaurants hat inzwischen auch die Innenstadt wieder an Attraktivität gewonnen.

Vom Ausflugsschiff präsentiert sich die Skyline Melbournes

Viktorianische Baukunst vom Feinsten: Säulenfront des Parlaments (unten)

Strand und Pier in Port Melbourne (unten)

In den Royal Botanical Gardens (unten)

Big Business. Und da wollen Städte wie Adelaide, Brisbane, Perth und Sydney mitspielen. Sie alle gründeten professionelle Football Clubs. Bis auf die Sydneysider. Die kauften sich gleich einen ganzen Club aus Melbourne, verfrachteten ihn nach Sydney, gaben ihm einen neuen Namen und machen nun Melbournes Mannschaften zunehmend ernsthafte Konkurrenz.

Galopprennen und Volksfest: Melbourne Cup

Aber Melbourne und Victoria haben in Sachen Sport noch mehr zu bieten als Footy, Tennis und Cricket. Wo sonst in der Welt zelebriert ein Staat einen offiziellen Feiertag für ein Pferderennen? Am ersten Dienstag im November feiert Victoria seit 1861 bei meist frühlingshaften Temperaturen seinen Cup Day. Dann wird auf dem Flemington Racecourse der Melbourne Cup gestartet, ein gestreckter Galopp über 3200 Meter, der für wenige Minuten die Nation ans Radio und Fernsehen bannt: Nahezu jeder Australier hat dann auf eines der Pferde gewettet. Anfang der achtziger Jahre wurde einmal errechnet, daß Australien allein an diesem Tag rund 22 Millionen Dollar auf die Galopper in Melbourne setzt; heute wird es weit mehr sein.

Das Rendezvous mit Fortunas Rossen ist aber zugleich ein Volksfest. Die einen rollen unter großen Hüten respektive grauen Zylindern mit schweren Limousinen an und zelebrieren auf dem Parkplatz ein zwangloses Picknick mit Kaviar und Champagner. Die anderen sind kostümiert wie zum Karneval und schleppen einen »Esky« mit eiskaltem VB, dem lokalen Bier »Victoria Bitter«, und einen Grill an für die Steaks, die »German Sausages« und die Lammkoteletts.

Der Ausgang des Rennens ist dann fast unwichtig: Wenn der richtige Gaul vorneweg durchs Ziel gegangen ist, ist der Gewinn ein guter Partygrund, wenn das so hoffnungsvoll bewettete Pferd jenseits der Gewinnränge einlief, muß der Kummer begossen werden. Und das nicht nur in Melbourne und Victoria. Im Rest des Landes ist der Cup Day zwar offiziell ein Arbeitstag, aber wer kommt schon zum Arbeiten, wenn das ganze Büro spontan in eine Cup Party verfällt?

Das hat durchaus Tradition, wie schon der amerikanische Schriftsteller Mark Twain 1897 von diesem »Nationaltag« berichtete: »Es wäre schwierig, seine Bedeutung zu überschätzen. Er überschattet alle anderen Feiertage und sonstigen Anlässe gleich welcher Art in diesem Gemenge von Kolonien. Überschattet sie? Man kann fast sagen, er löscht sie aus.«

Melbourne kann sich solch pferdeselige punktuelle Ausschweifung leisten, steht es doch ansonsten in dem Ruf, »serious business« zu betreiben. Dabei geht es einen Tick formaler zu als in anderen australischen Zentren. In den gehobenen Restaurants sind Schlips und Jackett eher Standard als in anderen australischen Metropolen. Das gilt natürlich nicht für die muntere, von jungen Leuten geprägte Restaurantszene in der Brunswick Street und der Lygon Street oder für die preiswerten Lokalitäten in Chinatown und bei den Vietnamesen in der Victoria Street. Aber daneben erfreut sich Melbourne einer Vielzahl von Restaurants mit ruhmvollen und geschäftsfördernden Auszeichnungen.

Straßenbahnfahrt mit Dinner im »Colonial Tramcar Restaurant«

Das ist kein Zufall: Melbourne galt einst zwar als langweilig, aber das Interesse an gutem Essen war stets besonders groß. Entsprechend attraktiv war die Stadt für innovative Köche bereits, als sie andernorts ihre Fähigkeiten nicht weit über »Steak 'n Egg« hinausentwickeln konnten. Und diesen Vorsprung konnte Melbourne mit guten Köchen und neuen Ideen bislang halten. Zu solchen ungewöhnlichen Ideen gehört das »Colonial Tramcar Restaurant«, ein viktorianisch veredelter Straßenbahnwagen, in dem während einer abendlichen Stadtrundfahrt ein überraschend gutes drei- oder fünfgängiges Menü serviert wird. Stilvoller kann man das Wahrzeichen der Stadt mit ihrem Lebensgefühl nicht verbinden, zumal die kulinarische Tramtour auch noch bei der Nationalgalerie beginnt und endet.

Vom »Wettstreit der Künste« profitiert die ganze Stadt

Mindestens ebenso stolz wie auf ihre Küche ist die Stadt nämlich auf ihre Kunst. Aber auch hier wird die ausdauernde Rivalität mit Sydney deutlich. »Wir dachten, wir hätten mit der National Gallery und unseren Theatern einen ausreichenden Vorsprung vor denen in Tinseltown«, erinnerte sich die Aborigines-Expertin der Nationalgalerie. »Aber dann haben die ihr Opernhaus gebaut und dafür reichlich Ruhm eingeheimst. Seither ist Sydney kulturell ein echter Konkurrent geworden, und ohne das Victorian Arts Centre sähen wir wohl alt aus.« Nicht alle in Melbourne sind so aufrichtig, für viele ist die Rivalin in Sachen Kultur immer noch Tinseltown, die Lamettastadt, die viel funkelndes, aber wertloses Zeug anbiete. Neutrale Beobachter können diese Einschätzung nicht teilen, aber wie auch immer – beide Städte profitieren vom Wettstreit der Künste. Melbourne hat er wertvolle Punkte eingetragen, als eine amerikanische Organisation 1990 die »lebenswerteste Stadt der Welt« suchte. Melbourne kam damals – gemeinsam mit Montreal und Seattle/Tacoma – auf den ersten Platz. Bewertet wurden damals die 100 größten Städte in 45 Ländern, darunter auch Sydney…

Melbournes Renommierstück: das Arts Centre of Victoria

Das Arts Centre zwischen Nationalgalerie und Yarra-Ufer hat mit seinen Bühnen und Konzertsälen in der Tat die notwendigen Voraussetzungen für den »Kulturkampf« mit Sydney geschaffen, wenngleich das hoch aufragende Stahlgeflecht über dem Runddach mit der aufregenden Architektur der Oper in Sydney nicht mithalten kann. Immerhin, wenn die

Die Exhibition Buildings in den Carlton Gardens beherbergten von 1901 bis 1927 Australiens Parlament

Modernes Wahrzeichen Melbournes: der Turm über dem Theaterbau des Victorian Arts Centre

Die moderne Architektur der neuen Messehalle im Exhibitions Centre bietet schattige Rastplätze

Melbourne war schon in Pioniertagen stolz darauf, die Künste zu pflegen. Später entstand im Vorort Heidelberg die erste Malervereinigung des Landes, die einen eigenen australischen Stil entwickelte: Das Licht und die Farben des Kontinents vermengten sich mit der klassischen englischen Landschaftsmalerei. Seit jenen Tagen im 19. Jahrhundert unterhält Melbourne zahlreiche Museen. Deren Sammlungsgebiete reichen von Malerei und Plastik bis zu Relikten gehängter Übeltäter.

Rüstung und Totenmaske des Räubers und Volkshelden Ned Kelly

Henry Moores »Sitting Draped Figure« in der National Gallery of Victoria

»Antenne« nachts beleuchtet ist, sieht sie ganz nett aus. Aber wie Ausrufezeichen hinter dem selbstverliehenen Titel »Kulturhauptstadt Australiens« wirkt das Gestänge nicht.

Das Arts Centre hatte aber noch einen erfreulichen Nebeneffekt: Es hat einen der tristesten Teile Melbournes neu belebt. Während sich die »Garden City« zu Recht ihrer zahlreichen alten Parks rühmt und vor allem an den Ufern des Yarra fast überall einladende Grünanlagen pflegt, strömte der stets erdbraune Fluß in der City zwischen Bahngleisen

Kunst und Cafés prägen das Southgate Centre

und vergammelter Industriebrache dem Meer entgegen. Nach Eröffnung des Arts Centre faßten aber mehrere Investoren Vertrauen in die citynahe Lage. Mit dem Southgate Centre entstand ein eleganter Einkaufskomplex, und etwas weiter stromab sorgt das neue Spielkasino dafür, daß dieses Quartier auch nachts belebt ist. Dem zuvor recht abgelegenen Seefahrtsmuseum und seinem mehr als hundert Jahre alten Dreimaster »Polly Woodside« hat die neue Nachbarschaft auch gut getan.

Das teure Experiment auf der Southbank – die Neugestaltung des brachliegenden Yarra-Ufers kostete 650 Millionen Dollar –

scheint zu glücken, wenn es in dem eleganten Einkaufszentrum manchmal auch an Käufern zu fehlen scheint. »Ja, der Umsatz könnte besser sein«, bestätigt der junge Verkäufer in der Buchhandlung. »Aber es dauert eben lange, bis man sich an neue Angebote gewöhnt hat. Und die Einkaufspassagen drüben in der City sind ja auch eine echte Konkurrenz.« Er meint, wie er ergänzt, vor allem die Block Arcade, eine elegante Einkaufspassage, die 1890 nach Mailänder Vorbildern mit Marmor und Mosaiken entstand und heute nicht ganz billige Spezialgeschäfte beherbergt. »Die Royal Arcade ist etwa zur selben Zeit mit vergleichbarem Aufwand gebaut worden und könnte ebenso ausgefallen sein, wenn da nicht so viele Kramläden drin wären«, sagt der Buchhändler, der sich zunehmend als exzellenter Kenner seiner Heimatstadt erweist und diese als »Shopping Capital of Australia« rühmt.

Unterwegs in der »Shopping-Hauptstadt Australiens«

Was hält er denn von »Melbourne Central«, dem Einkaufszentrum am nördlichen Ende der Swanston Street? »Ach, die Swanston Street. Das muß früher einmal eine elegante Straße gewesen sein. Aber heute? Nur Ramschläden. Billigware, die marktschreierisch versteigert wird und Fast-Food-Läden mit Pommes-Geruch. Die Stadt hat ja versucht, die Swanston Street wieder etwas nobler zu machen, hat einen ganzen Abschnitt zur Fußgängerzone erklärt. Geholfen hat es auch nicht.« Und Melbourne Central? »Ja, das hätte ich fast vergessen. Das ist gelungen, vor allem das hohe Glasdach über dem alten Munitionsturm mitten im Einkaufstrubel. Das Warenangebot ist zwar recht durchschnittlich, aber da ist immer was los.« Das gelte übrigens auch für den Queen Victoria Market, nur einige Blocks entfernt: »Dem merkt man wirklich nicht an, daß er unter Denkmalschutz steht, vor allem nicht sonntags, wenn die Gemüsehändler den Leuten mit gebrauchten Edeljeans, kitschigem Asientand und mehr oder minder seltenen alten Büchern Platz machen.«
Shopping in Melbourne – das kann ein teures Vergnügen werden. Aber immerhin: Die allgegenwärtige preiswerte nostalgische Tram sorgt dafür, daß man auch bei nahezu leerem Portemonnaie schnell wieder ins Hotel kommt.

Beispiel Southgate Shopping Centre: Melbourne wird als gepflegtes Einkaufsziel geschätzt

Auf dem historischen Queen Victoria Market

Melbourne hat einen Namen für modischen Chic

Alter Feuerwehrturm im »Melbourne Central«

REISE-INFO
MELBOURNE

Karte: Seite 112/113, Planquadrat F/G 7. Zweitgrößte Stadt Australiens, gelegen an der Port Phillip Bay und der Mündung des Yarra River, Hauptstadt des Bundesstaates Victoria (3,46 Millionen Einw.).

Anreise: Melbournes internationaler Flughafen Tullamarine hat Direktverbindungen nach Europa, Amerika, Asien und in alle Landesteile. Der »Skybus« (Tel. 03/ 96 62 30 66) bietet tagsüber für 14 A$ (einfach) halbstündlich Verbindungen in die 22 km entfernte City. Taxis kosten den dreifachen Betrag.

Melbourne ist ein Knotenpunkt im australischen Bahnnetz, Fernzüge kommen an der Spencer St Station an. Fernbusse fahren aus allen Richtungen nach Melbourne, die bekanntesten Linien sind »Greyhound Pioneer« (58 Franklin St) und »McCafferty's« oder »V/Line« (beide Spencer St Station).

Öffentlicher Nahverkehr: Melboune ist stolz auf das letzte Straßenbahnsystem in Australien. Die Trams der »Met« rollen von 5 Uhr bis kurz nach Mitternacht, Tickets gelten auch in Met-Bussen und -Schnellbahnen. Das Stadtgebiet ist in drei Tarifzonen eingeteilt, die meisten Sehenswürdigkeiten liegen in Zone 1 (Tageskarte 6 A$).

Der rote »Melbourne Explorer« der London Transport Tours (Tel. 03/96 50 70 00) und der weiße Explorer der Gray Line (Tel. 1300/85 86 87, gebührenfrei) steuern alle Hauptattraktionen an. Für 32 A$ kann man einen Tag beliebig oft ein- und aussteigen. Täglich rollt zwischen 10 und 18 Uhr eine kostenlose »City Circle Tram« um die Innenstadt. Auf dem Yarra River bieten die Melbourne River Cruises (Tel. 03/96 29 72 33) Flußrundfahrten an.

Autoverkehr: Melbourne hat wegen seiner Tramlinien einige besondere Verkehrsregeln. So dürfen Trambahnen nur links überholt werden. Wenn die Bahnen an Haltestellen ohne Fußgängerinseln in der Fahrbahnmitte stehen, müssen Autos anhalten. An einigen Kreuzungen in der City, markiert durch Schilder an der Oberleitung, müssen rechtsabbiegende Autofahrer linksaußen auf der Kreuzung anhalten, um die Gleise freizuhalten. Beim Umspringen der Ampel können sie nach rechts abbiegen.

Unterkunft: Melbourne hat Hotels aller Komfort- und Preisklassen. Im Herzen der Stadt liegen das luxuriös designte »Adelphi Hotel« mit einem Dachterrassen-Pool (187 Flinders Lane, Tel. 03/ 96 50 75 55) und das aufwendig renovierte »Windsor Hotel« (103 Spring St, Tel. 03/96 33 60 00). Preiswert ist das citynahe »Toad Hall Hotel« (441 Elizabeth St, Tel. 03/96 00 90 10).

Wer länger bleiben möchte, ist besser mit einem möblierten Apartment bedient, diese gibt es auch in fast allen Preisklassen. Die preiswertesten Unterkünfte sind die Backpacker Hostels, die es auch in der City gibt; die meisten Hostels sind jedoch im Strandvorort St. Kilda zu finden. In North Melbourne liegen zwei offizielle Jugendherbergen des Verbandes YHA das »Queensberry Hill Hostel« (78 Howard St, Tel. 03/ 93 29 85 99) und das »Chapman St Hostel« (76 Chapman St. Tel. 03/93 28 35 95).

Ausgehen: Melbourne gilt als kulinarische Metropole Australiens, entsprechend vielfältig ist das Angebot. Preisgünstig sind die Restaurants in Chinatown (City) und »Little Saigon« in der Victoria St im citynahen Vorort Richmond. Straßen, in denen sich Restaurant an Restaurant mit Spezialitäten aus aller Welt aneinander reiht, sind im Stadtteil Fitzroy die Brunswick und die sie kreuzende Johnston Sts. Die Lygon St im Stadtteil Carlton ist zur modischen Adresse geworden, aber immer noch eine Empfehlung wert, insbesondere mit der benachbarten Rathdowne St.

Eine Besonderheit ist das »Colonial Tramcar Restaurant«. In der elegnat restaurierten, durch die Stadt fahrenden Tram von 1920 werden mehrgängige Dinners serviert, die Preise sind, da Getränke eingeschlossen, angemessen. Die Zeitung »The Age« veröffentlicht jährlich ihren hilfreichen »Good Food Guide«.

Flugsaurier im National Museum of Victoria

Melbourne hat eine Reihe von Theatre Restaurants, deren Programme meist in Richtung Comedy gehen. In den meisten dieser Restaurants kann man je nach Wunsch Essen und Show verbinden oder nur die Show sehen. Daneben gibt es mehr als 20 Theater aller Art. Beliebt sind seit einigen Jahren Cafés, in denen Poeten lesen. Zahlreiche Clubs bieten Jazz oder Folkmusik-Programme.

Alle Programme sind freitags im »Entertainment Guide« der Tageszeitung »Age« zu finden. Resttickets aller Art werden täglich bei Half-Tix, einem Kiosk in der Bourke St Mall, zu ermäßigten Preisen verkauft.

Stadtrundgang: Einen ersten Überblick über die Metropole bietet das Rialto Observation Deck (525 Collins St).

Neben der Flinders Station steht seit 2002 der architektonisch kühn gestaltete Federation Square Complex. Seine Formen erinnern an Spinnennetze. Eine Meisterleistung war es, die noch teilweise genutzten großflächigen Schienenanlagen komplett zu überdeckeln, ohne dabei den Verkehr der in unmittelbarer Nachbarschaft liegenden Flinders Street Station zu stören.

Nach Stippvisiten beim monumentalen Shrine of Remembrance (B 4; Kriegsdenkmal, guter Ausblick) und in »La Trobe's Cottage« (Sa–Do 11–16.30 Uhr; das erste und bescheidene Regierungsgebäude, das als Fertighaus aus England kam), geht es durch den Park am Yarra zurück zur Brücke. Jenseits des Flusses und hinter der schönen, preisgekrönten Fassade der Flinders St Station (B 2; 1902) kreuzt die Collins St die vielbefahrene Swanston St. Das östliche Ende der Collins St wird wegen seiner Straßencafés und eleganten Läden auch »Paris End« genannt (C2).

Die Tresury Gardens führen in die Fitzroy Gardens und zu Cook's Cottage, dem Haus, in dem James Cook in England aufwuchs (tgl. 9–17 Uhr). Via St. Patricks Cathedral (C 2; 1891), Australiens größte Kirche, und vorbei am viktorianischen Parliament House (1856) geht es wieder zur Swanston St. An der Kreuzung zur La Trobe St liegen Staatsbibliothek und Nationalmuseum (B 2), hinter ihm warten Polizeimuseum und das Alte Gefängnis (Old Melbourne Gaol).

Nächste Stationen beim Stadtbummel sind das Einkaufszentrum »Melbourne Central« (B 2; Swanston St) und der Queen Victoria Market mit etwa 1000

Ständen (A1; Victoria/Peel Sts; Di–Do 6–14, Fr 6–18, Sa 6–15 und So 9–16 Uhr). Wer von hier aus nicht in die Einkaufspassagen der City zurück will, kann mit der Tram die Spencer St hinabrollen und jenseits der Yarra-Brücke aussteigen. Von dort ist es nur noch ein kurzer Weg zum Maritime Museum mit dem Segelschiff »Polly Woodside« (A3; tgl. 10–16 Uhr).

Museen: Das Ian Potter Centre der National Gallery of Victoria Australia ist im Federation Square Complex untergebracht und bietet Raum für australische Künstler. Besonders empfehlenswert ist die Dauerausstellung historischer und zeitgenössischer Aboriginal-Kunst (Mo–Do 10 bis 17, Fr 10–21, Sa 10–18 Uhr). Die National Gallery im Victorian Arts Centre (180 St. Kilda Rd, Di–Fr 11–17, Sa/So 12–17 Uhr) zeigt vor allem international bedeutende Kunstwerke. Das ACMI (Australian Centre for the Moving Image) im Federation Square Complex richtet sich an Liebhaber des australischen Films (Di–So 9–17 Uhr); das benachbarte neue ARM (Australian Racing Museum) an die Freunde des Pferderennsports (Di–So 9–17 Uhr). Am anderen Ende der City liegen die State Library und das aufwendig umgebaute National Museum of Victoria mit 12 Millionen Exponaten von altägyptischer Kunst bis zum Flugzeug (Di–So 10–17 Uhr). Von dort ist es nicht weit zum kleinen Victoria Police Museum, in dem eine der eisernen Rüstungen des legendären Buschräubers Ned Kelly zu sehen ist. Kelly wurde im Old Melbourne Gaol hingerichtet, das düstere Gefängnis ist heute ein Museum eigener Art mit Totenmasken berühmter Verbrecher (tgl. 9.30–16.30 Uhr).

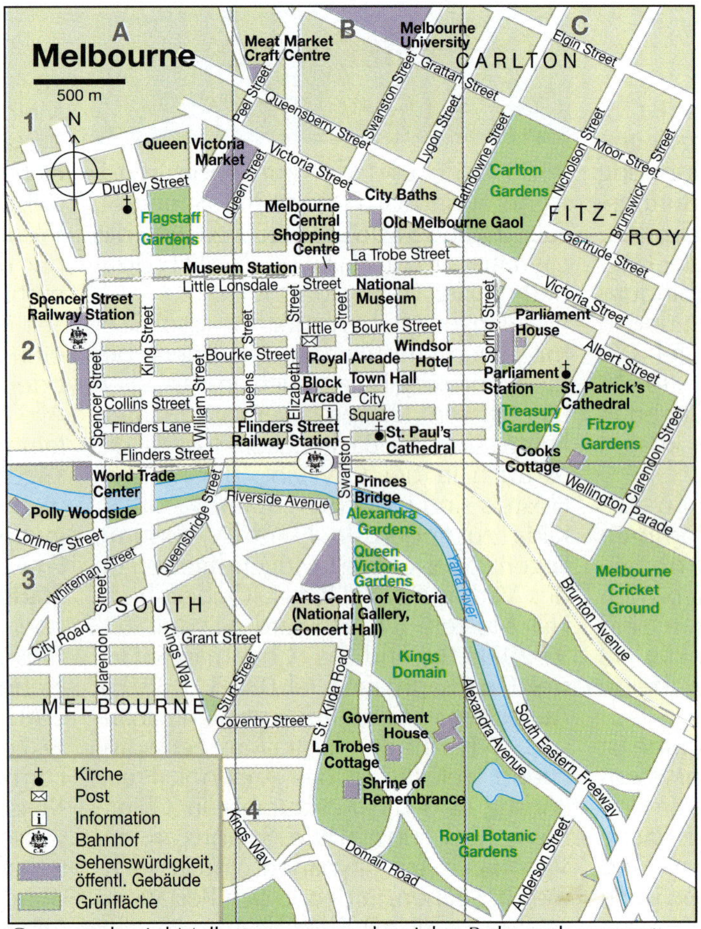

Gartenstadt wird Melbourne wegen der vielen Parks auch genannt

Strände: Melbournes Strände liegen an der Port Phillip Bay, der Hauptstrand befindet sich im Stadtteil St. Kilda. Wegen des nahen Hafens fahren jedoch viele Melburnians weiter hinaus.

Veranstaltungen: Heiß her geht es im Sommer bei verschiedenen Stadtteilfesten (St. Kilda, Williamstown), dem Misdumma Festival der Schwulen und Lesben (zwei Wochen, Mitte Jan. bis Anf. Februar) und den kostenlosen Konzerten des Summer Fun in the Parks (Dez.–Feb.). Die Stadt ist die Footy Hochburg Australiens. Wenn sich die besten Mannschaften des rubgyartigen »Football Australian Rules« im September zum Grand Final in Melbourne treffen, strömen mehr als 100 000 Zuschauer zusammen.

Am ersten Dienstag im November zelebriert die Stadt den Melbourne Cup, das einzige Pferderennen, für das ein Staat einen offiziellen Feiertag ausgerufen hat. Aber inoffiziell feiern auch die anderen Bundesstaaten mit. Internationale Aufmerksamkeit ist der Sportmetropole sicher, wenn im Januar die Tennisweltspitze zur Australian Open antritt und im März die Grand-Prix-Piloten ihre Rennwagen über die Piste im Albert Park jagen. Die Strecke wurde 1996 eröffnet und löste Adelaide als Austragungsort des Großen Preises von Australien ab.

Am 26. Januar wird der Nationalfeiertag Australia Day mit Straßenparaden und Feuerwerk im Albert Park gefeiert.

Das St. Kilda Festival im Februar am Strand (www.stkildafestival.com.au; nächstes Festival 2007) ist ebenso einer der Sommer-Höhepunkte wie die Food Festivals in Chinatown und Little Saigon. Im Herbst, im März, genießt Melbourne für zehn Tage sein Moomba Festival, eine Art Karneval mit verschiedenen sportlichen Wettbewerben und anderen Veranstaltungen für Familien. Im April steht das International Comedy Festival auf dem Programm, das aber in erster Linie englischsprachige Komödianten anzieht. Höhepunkt des Winters ist das zweiwöchige Filmfestival im Juni.

Information: Melbourne Tourist Information, Federation Square (Swanston/Flinders Sts, Tel. 03/96 58 96 58, www.melbourne.com.au), Dependance in der Bourke Street Mall und am Tullamarine Airport (Tel. 03/92 97 16 00). Royal Automobile Club of Victoria Tourist Information (230 Collins St, Tel. 03/96 50 15 22, journeys.racv.com.au).

Die Lygon Street im Stadtteil Carlton ist bekannt für ihre – meist italienischen – Restaurants

Fitzroy Gardens: Eingang zum Palmenhaus

Die Kuppel der Flinders Street Station und der Turm der neugotischen St.- Pauls-Kathedrale

Das Princess Theatre in der Spring Street

Eingang zur Flinders Street Station, die 1905 in Betrieb genommen wurde

Melbourne ist, weit mehr als seine Rivalin Sydney, nach britischer Art sehr geschichtsbewußt und hütet deshalb – zumindest seit einigen Jahren – seine historische Bausubstanz. Dieses reiche viktorianische Erbe verdankt die Drei-Millionen-Einwohner-Metropole einem Goldrausch, der Mitte des 19. Jahrhunderts einsetzte. Zehntausende von Glücksrittern aus aller Welt kamen nach Victoria; Melbourne wurde zur wohlhabendsten Stadt des Kontinents.

Das Old Melbourne Gaol ist eine düster-beklemmende Touristenattraktion

VICTORIA

Australien kompakt

Auf relativ kleinem Raum bietet Victoria fast alle Naturräume des Fünften Kontinents: schneebedeckte Berge, Wüsten, Steppen, gemäßigte Regenwälder und Strände. Ein großer Teil des Landes wurde während des Goldrauschs über den Murray River erschlossen. An einigen Orten wurde diese legendäre Zeit sorgfältig konserviert (gr. Foto: Echuca, Historic Port; kl. Foto: Sovereign Hill).

Sovereign Hill mit nachgebauter Goldhandlung

Auf den Straßen von Sovereign Hill wird die Goldgräberzeit um 1860 wieder lebendig

Cordell Kent aus Ballarat zeigt seine Nuggets

Die meisten Waren im historischen Laden von Sovereign Hill kann man tatsächlich kaufen

Tony ist Manager einer Schafsfarm im Westen von Victoria. »Eine mittlere Farm«, nach australischen Maßstäben. Tony hat 7000 Schafe in seiner Obhut; ein junger Mann hilft ihm dabei. Der Manager fährt selten nach Melbourne. Da wohnt zwar seine Familie, da sind auch die Läden, in denen er Waggons und Loks für sein Modellbahnhobby findet. »Aber bis Melbourne ist es immer fast eine Tagesreise, und auf der Farm bleibt derweil die Arbeit liegen.« Deshalb fährt Tony nur alle acht bis zehn Wochen in die Stadt. Auch Besucher hat er selten, denn seine Farm liegt abseits der großen Straßen. Platz hätte er genug, weil das geräumige Farmhaus einst für eine große Familie gebaut worden war. Warum nimmt er keine Touristen bei sich auf?

Das »wahre« Australien zeigt sich auf einer Schafsfarm

Er antwortet mit einer Gegenfrage: »Wer will schon auf eine langweilige Schafsfarm?« Touristen aus Europa, vor allem aus Deutschland und der Schweiz. Sie suchen das authentische Australien, etwa die Schafe, die man durch das Fenster auf einer kleinen abgetrennten Weide sieht. Der Farmmanager muß laut lachen: »Die Schafe da drüben sind krank. Vielleicht müssen sie sogar getötet werden. Aber Touristen wären wahrscheinlich empört darüber. Sie suchen einen romantischen Flecken, wo der Schäfer mit seiner Herde beschaulich über die Wiesen schreitet. Doch Schafe zu züchten ist eine harte und oft unangenehme Arbeit.«
Australier denken beim Stichwort Urlaub immer zuerst an Strand und Meer. Warum also sollten Touristen in diese Gegend kommen, die weit entfernt ist von der Küste und eingebettet in eine Hügellandschaft ohne dramatische Szenerie? Weil auch das Binnenland einiges zu bieten hat – besonders für zivilisationsmüde Mitteleuropäer: Nicht weit entfernt von Tonys Schafsfarm befinden sich zwei Nationalparks, die Grampians und die steppenartige Little Desert mit ihren gewaltigen, bis zu 30 Meter hohen und 50 Kilometer langen Sanddünen. Vier weitere Nationalparks sind nahe der Grenze zu South Australia zu finden.
Beim Blick auf die Landkarte von Victoria fällt auf, daß der für australische Verhältnisse ausgesprochen dicht besiedelte Bundesstaat, der weniger als drei Prozent der Fläche des Kontinents einnimmt, überproportional viele Nationalparks und Naturschutzgebiete ausgewiesen hat. Von einem Staat, der gleichzeitig ein wichtiger Industriestandort und einer der ertragreichsten Agrarproduzenten Australiens ist, hätten viele das nicht erwartet. Deshalb ist Victoria auch im eigenen Land als Urlaubsziel wenig bekannt, obwohl es landschaftlich ausgesprochen vielfältig ist. Die Höhen der Victorian Alps, weite wüstenartige Areale, trockenes Buschland, gemäßigte Regenwälder an der Küste – in dem Bundesstaat sind fast alle Naturräume vertreten, die der Kontinent Australien zu bieten hat.

Grampians National Park: Heimat vieler Pflanzen und Tiere

Die Grampians sind ein gutes Beispiel. Ein rund hundert Kilometer langgestrecktes Gebirge, das sich unvermittelt aus der sanften Hügellandschaft erhebt und seiner vulkanischen Entstehung spektakulär schroffe Klippen verdankt. Gariwerd, wie die Aborigines das Gebirge mit seinen Canyons, Felsplateaus, weiten, grünen Tälern, Feucht- und Sumpfgebieten, Wasserfällen, Bächen und Stauseen auch nennen, ist eine der tier- und pflanzenreichsten Regionen Australiens. Immer wieder entdecken Biologen neue Pflanzen, ihre Liste nähert sich allmählich der Tausendermarke.

Brambuk Living Cultural Centre der Aborigines im Grampians National Park

»Balconies« im Grampians National Park

Keine australische Kolonie ist durch Goldfunde derart verändert worden wie Victoria: 1851, als die ersten Körner des edlen Metalles in Ballarat, Bendigo und Castlemaine entdeckt wurden, zählte die ganze Kolonie 100 000 Einwohner. Nur gut zehn Jahre später waren es 539 000. Aber die junge Kolonie profitierte auch noch auf andere Weise von dem Goldrausch, der Menschen selbst aus Amerika, Europa und China herbeieilen ließ. Weil nicht alle ihr Glück auf den Claims um Ballarat machen konnten, zogen viele Goldsucher über Land, halfen den Farmern bei der Suche nach guten Weiden oder ließen sich selbst nieder.

Mehr als 200 verschiedene Vogelarten durchschwirren den rund 210 000 Hektar großen Nationalpark, der von mehreren Straßen gut erschlossen ist. Zudem finden sich in diesem Gebiet viele Zeugnisse der Aborigines-Kultur: Bisher wurden dort über 4000 verschiedene Höhlenzeichnungen gefunden. Und dennoch trifft man in den Grampians nur überwiegend Urlauber aus Victoria an; Australier aus anderen Staaten und ausländische Besucher sind selten.

Das ist erstaunlich, denn die Berggruppe hat einen prominenten Werber: Napoleon Bonaparte. Die Grampians, so sagte er, »steigen auf aus einer weiten Ebene goldenen Grases, erst als vereinzelte Felsen am nordwestlichen Horizont, schließlich mit einem steilen Anstieg in den kobaltblauen Himmel«. Bonaparte löst hier übrigens einen diffizilen Fall unter dem Titel »Mountains have a Secret«. Der nach gut australischer Abkürzungsart meist nur Bony genannte Kriminalinspektor, ein kluger Aborigine, ist einer der fähigsten Detektive und die prominenteste Figur aus der Feder von Krimi-Autor Arthur Upfield.

Goldrausch und Geographie sorgten für Victorias Aufstieg

Die ersten Siedler hatten allerdings keinen Sinn für die Schönheit der Grampians. Für sie waren die bis zu 1000 Meter hohen Sandsteinmassive nur ein lästiges Hindernis. Aber ansonsten trug die vorteilhafte Geographie – neben dem Goldrausch – viel dazu bei, daß sich Victoria schnell entwickelte: Im Landesinneren weite Ebenen, während im Süden die Küste und im Norden der Murray River relativ leichten Zugang gewährten. Dennoch wurde das Terrain anfangs von Land her erkundet, nachdem eine 1803 gegründete Siedlung an der Port Phillip Bay wegen Mangels an Trinkwasser wieder aufgegeben werden mußte. Der Gründer, Captain David Collins, zog mit seinen Soldaten, Siedlern und Häftlingen weiter nach Tasmanien und gründete dort die Stadt Hobart.

Das gute Weideland in Victoria entdeckten erst Hamilton Hume und William Hovell 1824 bei ihrer Überlandexpedition von Sydney nach Südwesten bis zur Port Phillip Bay – ein schwieriges Unterfangen, weil Australiens höchste Berge, die Great Dividing Range, zu überwinden waren.

Im Museumshafen von Echuca am Murray River macht ein Dampfer fest

Auf der einst wichtigsten Wasserstraße des Fünften Kontinents sind heute nur noch Museumsschiffe, Touristendampfer und Freizeitboote unterwegs. Dennoch ist der Murray River ein wichtiger Strom geblieben: Aus seinen Fluten speisen sich die Bewässerungsanlagen, die beiderseits der Ufer blühende Obstplantagen ermöglichen.

Badende Aborigines-Kinder unter Eukalyptus-Bäumen im Murray River

Echuca: An der Historic Wharf Area legen die restaurierten Schaufelraddampfer an

Dem Goldrausch verdankt Bendigo sein Postamt (links) und das »Shamrock Hotel«

Das historische Ambiente von Bendigo ist die rechte Kulisse für ein Oldtimertreffen

Bereits 1803 – aber zu spät für Captain Collins – war die Mündung des Yarra River in der Port Phillip Bay entdeckt worden. Als 1835 Siedler in Tasmanien zu neuen Weideflächen auf dem Festland aufbrachen, wählten sie den Yarra als künftigen Standort. Aus Sicherheitsgründen segelten sie damals ein kurzes Stück stromauf, deshalb liegt Melbournes Zentrum nicht unmittelbar am Meer. Es sprach sich schnell herum, daß es im Süden gutes Land gab. Bereits 1840 lebten mehr als 100 000 Menschen rund um die Port Phillip Bay und drangen immer weiter vor nach Westen.

Die Opfer dieser Entwicklung waren die Aborigines, die binnen weniger Jahre größtenteils von ihrem Land vertrieben waren. Denn nach britischer Rechtsauffassung gehörte das Land niemandem, die Kolonialherren leugneten jeden Anspruch der Ureinwohner. Viele wurden bei den folgenden blutigen Auseinandersetzungen um das alte Stammesland getötet oder starben an den Folgen europäischer Krankheiten wie Pocken oder Grippe. Innerhalb weniger Jahrzehnte sank die Zahl der australischen

Bendigos Tram startet bei der Deborah Mine

Ureinwohner von landesweit etwa 400 000 auf fast 50 000 – ein schwarzes Kapitel in der Geschichte dieser frühen Jahre.

Die rapide Entwicklung im Südosten des Kontinents mündete 1851 in die Trennung von New South Wales und die Gründung der eigenständigen Kolonie Victoria. Die Königin in London hatte persönlich erlaubt, ihren Namen zu benutzen. Dennoch sah die Zukunft von Victoria finster aus, weil im selben Jahr in New South Wales Gold entdeckt wurde. Viele Menschen verließen daraufhin das Land Richtung Norden; die neue Kolonie drohte auszubluten.

Deshalb setzte Victoria eine relativ bescheidene Prämie von 200 Pfund aus für den ersten, der Gold in der Kolonie fand. Die Rechnung ging auf: Noch 1851 fand ein Digger Gold bei Ballarat, und binnen weniger Wochen wurden mehrere andere Goldadern in derselben Region entdeckt. Nun war auf einmal Victoria das Eldorado, und die Menschen strömten von New South Wales zurück nach Victoria. Binnen drei Jahren vervierfachte sich die Bevölkerung.

Zum Surferstrand Bells Beach bei Torquay

Melbourne, wo die aus Europa oder Amerika kommenden Schiffe mit den Goldsuchern festmachten, profitierte am meisten von dem Goldrausch, der fast bis zum Ende des 19. Jahrhunderts anhielt. Aber auch der Rest der Kolonie wurde nun schnell besiedelt, vor allem das Land zwischen Melbourne, den Goldfeldern und dem Murray River.

Murray River – Lebensader Südost-Australiens

Mit knapp 2600 Kilometern Länge ist der »Mighty Murray« der längste Fluß Australiens. Nur mit seiner Hilfe konnte das Inland von Victoria, South Australia und New South Wales relativ schnell erschlossen werden. Dank seiner Fluten wurde durch ein ausgedehntes Bewässerungssystem aus wüstem Brachland blühendes Farmland für Gemüse-, Obst- und Weinbauern. Eine zentrale Rolle bei der Erschließung Südost-Australiens spielten die großen Schaufelraddampfer, wie sie auch auf Amerikas Mississippi ins Landesinnere stampften.

Ein legendäres Rennen hat den Murray River erschlossen: Mitte des 19. Jahrhunderts setzte der Gouverneur von South Australia, Sir Henry Young, ein Preisgeld von 2000 Pfund aus für den Besitzer des ersten eisernen Schiffes, das den Murray aufwärts bis zur Einmündung des Darling River fahren könne. 1853 kam es daraufhin zur »Battle of the Captains«. Die »Lady Augusta« und die »Mary Ann« dampften mit voller Kraft stromauf, das Rennen endete remis, weil beide Boote nicht die ganze Strecke schafften. Die Prämie wurde geteilt.

Es war ein gut angelegtes Geld, denn die Erwartungen des Gouverneurs wurden nicht enttäuscht: Gegen 1870 fuhren bereits mehr als 100 Raddampfer auf dem Murray. Sie versorgten Goldfelder, Vieh- und Schafsfarmen und transportierten auf dem träge dahinfließenden Strom Schafwolle zum Meer, von wo aus sie nach England verschifft wurde.

Mit der Eisenbahn kam das Ende der Schaufelraddampfer

Das Läuten der Messingglocken, das dumpfe Tuten der Dampfhörner und monotone Geräusch der Schaufelräder sind den Menschen am Strom geblieben, wenn auch nur noch eine Handvoll Paddlesteamers unterwegs ist. Sie schippern keine Wolle mehr, seit 1864 die Eisenbahnlinie zwischen Melbourne und Echuca eröffnet wurde und weitere Bahnverbindungen die langsameren Schiffe aus dem Geschäft drängten. Zudem führt der Murray nicht das ganze Jahr über ausreichend Wasser. Deshalb lagen die Schaufelraddampfer oft monatelang fest. Heute »verladen« die Flußschiffer nur noch Touristen, die vorbei an schwarzen Schwänen, Pelikanen und Flußeukalypten zwischen Echuca, Swan Hill und Mildura unterwegs sind.

Tief in die australische »Urgeschichte« führt auch eine Reise zu den inzwischen restlos ausgebeuteten Goldfeldern von Ballarat, Bendigo, Daylesford und Castlemaine. Tausende aus aller Welt suchten dort ihr Glück. Für einige Hundert erfüllte sich der Traum, und nur einige Dutzend wurden richtig reich. Davon profitierten auch die Goldgräbercamps, die zu stattlichen Städten heranwuchsen. Bendigo, »The Queen of the Goldfields«, konnte sich großzügige Parks, ein Museum mit einer beeindruckenden Kollektion französischer Impressionisten und zahlreiche prunkvolle öffentliche Bauten leisten. In Ballarat blieb eines der besten und geschlossensten Gebäudeensembles Australiens erhalten.

Gold war Glückssache – zumindest am Anfang dieser Ära. Denn nach wenigen Jahren waren die leicht abzubauenden

Sherbrooke Forest in den Dandenongs

Treffen am Strand des Seebades Sorrento

Bummel über Geelongs Promenade (unten)

Life Savers in Mornington beim Training (unten)

Die Port Phillip Bay war immer ein beliebtes Ausflugsziel für die Melburnians. Besucher aus Übersee fand man an den Stränden der weiten Bucht jedoch selten. Erst in jüngster Zeit hat sich herumgesprochen, daß die Orte und Strände der Region lohnenswerte Ausflugsziele sind. Eine Fähre zwischen der Mornington- und der Bellarina-Halbinsel erlaubt sogar eine Tour rings um die Port Phillip Bay.

London Bridge im Point Nepean National Park auf der Mornington Peninsula

Lagerstätten erschöpft. Danach konnten es sich nur noch finanzstarke Gesellschaften leisten, Schachtanlagen zu den tiefer gelegenen Adern voranzutreiben. Das ist heute anders. Für eine Handvoll Dollars sind Goldfunde fast garantiert – vorausgesetzt, man schwenkt die Goldpfanne in Sovereign Hill. Das nachgebaute Goldsucherdorf bei Ballarat entstand rings um eine echte, stillgelegte Goldmine und bietet auch die Möglichkeit, selber im Sand nach Gold zu waschen. Und da ist immer jemand zur Stelle, der unauffällig ein paar kleine Goldflocken in die Pfanne schmuggelt.
In Sovereign Hill wird die »gute alte Zeit« um 1860 wieder lebendig: Geschäfte, Werkstätten und Pubs arbeiten wie damals, Kutschen sind im Ort unterwegs, (wohlinszenierte) Kneipenschlägereien an der Tagesordnung. Bankräuber liefern sich Platzpatronengefechte mit der Polizei und landen schließlich im Gefängnis.

Bankräuber und Volksheld: Ned Kelly

Australiens berühmtester Banküberfall verlief hingegen aus Sicht der Gesetzeshüter nicht so zufriedenstellend. Er geschah 1878 in Euroa, einem kleinen Ort am Hume Highway, der heute die Hauptverkehrsader zwischen Melbourne und Sydney ist, damals aber nur ein staubiger Track war. Es ging auf Weihnachten zu, als Ned Kelly mit seinem Bruder Dan und zwei weiteren Bandenmitgliedern die National Bank überfielen. Die »Bushranger« machten sich mit 2000 Pfund Beute aus dem Staub.
Drei Monate später raubte das Quartett mit Polizei-Uniformen verkleidet die Bank of New South Wales aus. Nach diesem Coup zogen sich Kelly & Co in den Busch zurück, aber im Juni 1880 waren sie wieder da: Diesmal besetzten sie in Glenrowan ein ganzes Hotel und nahmen rund 80 Gäste als Geiseln. Die Polizei umzingelte die Buschräuber in der Kneipe, und es kam zu einem heftigen Feuergefecht. Dabei wurden drei der Gangster und mehrere Geiseln getötet. Ned Kelly, der den Polizisten in seiner Rüstung aus Pflugscharen gegenübertrat, wurde durch Beinschüsse kampfunfähig gemacht. In Melbourne kam er vor Gericht, im Old Melbourne Gaol wurde er am 11. November 1880 durch den Strang hingerichtet – seine Totenmaske ist dort bis heute die größte Sehenswürdigkeit.

Victorias Wahrzeichen sind die Twelve Apostles vor der Steilküste des Port Campbell Nationalparks

Von der Great Ocean Road bietet sich eine atemberaubende Szenerie

Die Great Ocean Road ist eine der eindrucksvollsten Küstenstraßen der Welt. Sie entstand, um rund 3000 ehemaligen Erste-Weltkriegs-Soldaten Arbeit zu geben. Erst 1932 konnte die Straße fertiggestellt werden. Erstmals waren die Orte an der Südwestküste nun auch von Land her zu erreichen. Zudem siedelten sich Hotels und Restaurants an, Hunderte fanden neue Arbeit.

Port Fairy wurde von Walfängern und Bootsbauern gegründet

Ein Steg führt hinunter in die Loch Ard Gorge

Ned Kelly war schon zu Lebzeiten ein Volksheld. In ihm drückte sich die – heute noch spürbare – Lust der Australier aus, Autoritäten nicht anzuerkennen. Damals galt dieser seit den Häftlingstransporten tiefsitzende Widerstand vor allem der Polizei, die in jenen Tagen als korrupt und gewalttätig galt. Ned Kelly wurde schon bald nach seinem Tod in Balladen besungen, Regisseure machten Filme über ihn, Schriftsteller verarbeiteten sein Leben in Romanen. Maler wie Sidney Nolan nutzten Kellys legendäre Rüstung als Motiv.

Inzwischen ist Kelly zu einer Kultfigur geworden, und vor allem das kleine Glenrowan profitiert davon: »Ned Kelly's Last Stand« ist eine aufwendige compu-

Alter Anker am Strand von Moonlight Head

terisierte Schau, in der die Besucher binnen 40 Minuten vier Stationen im Leben von Ned Kelly durchlaufen, einschließlich einer wilden Schießerei, eines brennenden Gebäudes und Kellys letzter Stunde im Gefängnis von Melbourne – mit seinen berühmt gewordenen (und zumindest gut erfundenen) letzten Worten vor dem Tod: »Such is Life«.

Was dem Inland die Buschlegenden waren, die sich um Gesetzlose und ihre Untaten, aber auch um Entdecker und ihren Tod in der Wüste spannen, waren den Menschen an der Küste die Berichte um Schiffskatastrophen und andere maritime Desaster. Gerade Victorias Küste, eine der spektakulärsten in ganz Australien, hat einen übergroßen Anteil an den zahlreichen Schiffsuntergängen rings um den Kontinent. So erhält die Schönheit der Great Ocean Road zwischen Torquay und Portland an der Südwestküste des Staates eine makabre Note: Allein zwischen 1835 und 1914 liefen an diesem Küstenabschnitt 70 Schiffe auf Grund, weit mehr als hundert Menschen kamen dabei ums Leben.

Port Fairy: Der Griffith-Island-Leuchtturm ist ein beliebtes Ziel für einen romantischen Strandbummel

Die von der Brandung umtosten eindrucksvollen Felssäulen der »Twelve Apostles« – von denen der Pazifik schon zwei umgestürzt hat – haben ihre unsichtbaren Gegenstücke weiter draußen im Ozean – tückische Hindernisse besonders in den Tagen der Segelschifffahrt, als die Karten noch ungenauer und die Schiffe nur schwer zu manövrieren waren.

Der berühmteste Untergang ereignete sich vor einer der schönsten Buchten und Strände im Port Campbell National Park, vor der Loch Ard Gorge. Sie ist benannt nach einem Drei-Mast-Klipper, der 1878 an einer kleinen Felseninsel nahe der Schlucht zerschellte. Alle 54 Menschen an Bord kamen dabei um – bis auf zwei Achtzehnjährige, eine Irin namens Eva Carmichael und Tom Pearce, Seemann aus einer australischen Seefahrerfamilie, die beide in die Bucht gespült wurden.

»Romanze« an der Shipwreck Coast

Am Ufer sanken sie in tiefen Schlaf. Als Pearce am nächsten Morgen wieder erwachte, fand er eine Kiste mit Brandy. Er flößte dem Mädchen einige Schluck ein und trank selber kräftig, um sich zu stärken. Dann kletterte er die steilen Klippen der Schlucht empor und irrte oben auf dem Plateau lange umher, bis er schließlich ein Farmhaus fand. Obwohl die Farmer dem zerrissenen und nach Schnaps riechenden Seemann nicht glauben wollten, versprachen sie Rettung. Pearce ging sofort zurück zur Schlucht, doch das Mädchen war verschwunden, und Pearce sank in Ohnmacht. Schließlich konnten die Helfer Eva Carmichael unter einem Gebüsch hervorziehen, halb tot vor Erschöpfung und voller Angst, weil sie glaubte, Aborigines wollten sie einfangen.

Aus dieser Nacht entstand sogleich eine romantische Geschichte von dem Mädchen, das in Liebe zu ihrem Retter verfällt. Doch die angebliche Romanze ist schiere Erfindung. Die Irin hatte in dieser lebensbedrohlichen Situation gewiß anderes im Sinn als eine Turtelei. Eva Carmichael kehrte bald darauf nach Irland zurück, sie sah Tom Pearce nie wieder. Er fuhr weiter zur See, wurde schließlich wie sein Vater Kapitän und starb pensioniert und friedlich an Land. Eine starke Geschichte, auch ohne Herzflimmern.

Der bis zu 200 Meter tiefe Blue Lake in Mount Gambier wechselt zweimal im Jahr seine Farbe

Weinprobe mit der Nase: Peter Douglas in Coonawarra prüft seinen neuen Jahrgang

Im Coorong National Park haben sich Naturschützer einige einfache Stationen eingerichtet

Melbournes Umgebung

Karte: Seite 112/113, Planquadrat G 7.
Anreise: Alle Gebiete rings um Melbourne sind durch Straßen gut erschlossen, in einige Gebiete führen auch Buslinien. Zwischen Melbourne und Geelong gibt es eine Eisenbahnverbindung.
Unterkunft: Am besten ist es, von Melbourne aus Tagesausflüge zu machen. Einzig auf Phillip Island lohnt eine Übernachtung, z. B. im »The Continental« (5 Esplanade, Cowes, Tel. 03/59 52 23 16).
Sehenswürdigkeiten: Am Oberlauf des Yarra River liegt das Healesville Wildlife Sanctuary (Badger Creek Rd. Healesville, tgl. 9–17 Uhr) mit australischer Tierwelt. Die weiter südlich gelegenen Landenongs schließen auch den Sherbrooke Forest Nationalpark ein. Eine der Attraktionen des Parks ist »Puffing Billy«, eine historische Dampfeisenbahn (Belgrave bis Emerald Lake Park; mehrmals tgl.). Der Hauptort Dandenong liegt am Gippsland Highway , von dem gut 50 km weiter der Bass Highway abzweigt. Er führt nach Süden und zur Brücke nach Phillip Island. Dort findet jeden Abend eine Pinguin-Parade statt: Die heimkehrenden Fairy-Pinguine watscheln durch die Zuschauer-Tribünen zu ihren Nisthöhlen. Infos, auch über Koala/Wildlife Park, beim Phillip Island Nature Park, Tel. 03/59 51 28 00, www.penguins.org.au. Interessant sind auch die Koala-Freigehege (Koala Conservation Centre) und ein weiterer Tierpark (Phillip Island Wildlife Park, 9 Uhr bis Sonnenuntergang).
Beim Fischerhafen Mornington kann man mit einem Sessellift zum Panoramablick auf den Berg Arthur's Seat fahren. Der Badeort Portsea liegt an der Spitze der Halbinsel und der engen Einfahrt in die Port Phillip Bay. Eine Fähre pendelt hinüber zum Badeort Queenscliff an der Westküste der Bay. Hauptort an dieser Küste ist Geelong, mit 130 000 Bewohnern Victorias zweitgrößte Stadt. Ihre Hauptattraktion ist das National Wool Museum in einem ehemaligen Wollager von 1872 (Moorabool/Brougham Sts, tgl. 9.30–17 Uhr). Das preisgekrönte Museum zeigt u. a. einen Webstuhl von 1910.
Ausgehen: Die Urlaubsorte rings um die Port Phillip Bay haben ein breites Angebot an Restaurants meist mittlerer Preisklasse, empfehlenswert sind die Fischgerichte. Das Restaurant im National Wool Museum in Geelong (Tel. 03/52 27 07 01) serviert gute australische Küche.

REISE-INFO
VICTORIA

Information: Phillip Island Information Centre, Tel. 03/59 56 74 47, www.phillip-island.net.au; Geelong Otway Tourism im Nationalen Wollmuseum, Tel. 03/52 22 29 00, www.geelongotway.org.

Great Ocean Road

Karte: Seite 112/113, Planquadrat G 6.
Die rund 300 km lange Great Ocean Road zwischen Torquay und Warrnambool ermöglicht den Zugang zu spektakulären Steilküsten.
Anreise: Von Melbourne aus über den Princess Freeway (Highway 1) bis Geelong und von dort über die Straße 100 bis Torquay.
Unterkunft: In allen Strandorten gibt es Unterkünfte aller Kategorien bis zur gehobenen Mittelklasse. In der sommerlichen Hauptsaison sind sie meist langfristig ausgebucht.
Sehenswürdigkeiten: Das Seebad Torquay zieht wegen seiner Brandung Surfer aus aller Welt an. »Surfworld Australia« in der Surfworld Plaza ist die größte Ausstellung des Landes über das populäre Wellenreiten (tgl. 10–17 Uhr). Beim Familienseebad Lorne verläuft die Straße zwischen der See und den Otway Ranges, einem beliebten Wanderrevier. Der Badeort Apollo Bay ist auch der Zugang zum Otway National Park mit Urwald-Überresten. Eine Stichstraße führt zum Leuchtturm an der Spitze der Halbinsel (Führungen tgl. 11, 14, 15 Uhr).
Die Great Ocean Road bleibt auf der weiteren westlichen Strecke meist im bergigen Hinterland, verläuft aber im Port Campbell National Park nahe der Küste. Dort befinden sich die attraktivsten Teile der Strecke: die »12 Apostels«, z. Zt. zehn Felssäulen in der See vor der Steilküste, und der Loch Ard Gorge, eine heute als Badestrand geschätzte Felsenbucht.
Das dritte Wahrzeichen der Route ist die London Bridge, einst eine natürliche Brücke zu einem vorgelagerten Felsen, die 1990 zusammenbrach. Die Kleinstadt Warrnambool ist bekannt für ihr Flagstaff Hill Maritime Village, ein gelungener Themenpark mit einem nachgebauten viktorianischen Hafen (tgl. 9–17 Uhr). Port Fairy veranstaltet am Labour-Day-Wochenende im März das größte Folk-Music-Festival Australiens.
Information: Geelong (s. o.); Lorne Tourist Information Centre, 144 Mountjoy Parade, Tel. 03/52 89 11 52.

Museum of Modern Media in Mornington

Grampians National Park

Karte: Seite 112/113, Planquadrat F 6.
Anreise: Von Portland aus über die Straßen 107 (Henty Highway), 112 (Glenelg Highway) und 111, die durch den Nationalpark nach Halls Gap führt. Der kürzeste Weg von Melbourne ist der Western Highway (Nr. 8) über Ballarat und Ararat, von dort über die 124.
Sehenswürdigkeiten: Die bekanntesten Bilder aus den Grampians stammen von den Balconies, zwei Felszungen, die ins Tal ragen. Ähnlich bekannt sind die breit zu Tal stömenden Mackenzie Falls und die halbzahmen Känguruhs an der Zumstein Recreation Area. In Halls Gap informiert das Brambuk Living Cultural Centre über die Kunst und den Alltag der Aborigines (Dunkeld Rd, tgl. 9–17 Uhr).
Unterkunft: »Mountain Grand Hotel« (Dunkeld Rd, Tel. 03/55 36 42 32), familiäres, schönes Bed & Breakfast im Stil der 1940er-Jahre; »Grampians YHA Eco Hostel« (Buckler St, Grampians Rd, Tel. 03/53 56 45 44), preiswerte Unterkunft.
Information: Halls Gap Information Centre, tgl. 9–17, Tel. 03/53 56 46 16, www.visithallsgap.com.au.

Murray River

Karte: Seite 112/113, Planquadrat F 6/7.
Der Fluß ist ein beliebtes Wassersportrevier, auf dem auch Raddampfer für Touristen kreuzen. Die Hauptorte sind Mildura, Swan Hill und Echuca.
Anreise: Von den Grampians aus über Horsham und die Straßen 107, 121 und 79 nach Mildura. Von Melbourne nach Echuca über den Northern Highway (Nr. 75).

Nostalgie auch am Tresen: das Restaurant des »Shamrock Hotel« von 1897 in Bendigo

Unterkunft: Alle Orte sind auf große Touristenzahlen eingerichtet und bieten ausreichend Unterkünfte. Für Sommerferien empfehlen sich Vorausbuchungen, für Hausboote sind sie unerläßlich.

Sehenswürdigkeiten: Mildura ist ein Zentrum für den Flußtourismus. Dort sind zwei Raddampfer für Rundfahrten stationiert. Es gibt zahlreiche Aktivitäten von Ballonfahrt bis zu Kamelritten. Swan Hill ist durch sein Pioneer Settlement bekannt, der Nachbau einer alten Hafensiedlung. Echuca, einst einer der Haupthäfen am Murray, hat einen Teil seiner alten Werftanlagen erhalten und als »Port of Echuca« zum Kern eines historischen Viertels gemacht.

Information: Mildura Tourist Information Centre, Langtree Mall, Tel. 03/50 21 44 24, www.mildura.vic.gov.au; Swan Hill Tourist Information Centre, 306 Campbell St, Tel. 03/50 32 30 33, www.swanhillonline.com; Echuca & District Tourism Information, 2 Leslie St, Tel. 03/54 80 75 55, www.echucamoama.com.

Goldfields

Karte: 112/113, Planquadrat F 7.
Die Hauptorte der Region, Ballarat und Bendigo, werden durch die 500 km lange Goldfields Tourist Route verbunden, die auch in kleinere Goldorte führt.

Anreise: Ballarat liegt 110 km westlich von Melbourne und ist über den Western Highway (Nr. 8) zu erreichen. Bendigo liegt via Midland Highway etwa 120 km weiter nördlich. Von Melbourne nach Bendigo gibt es eine Bahnlinie.

Unterkunft: Beide Orte haben ein breites Angebot an Unterkünften der mittleren und unteren Preisklassen. Ballarat: »Lake View Motel« (22 Wendouree Par., Tel. 03/53 31 45 92): schön gelegen. Bendigo: »Shamrock Hotel« (Pall Mall/Williamson St, Tel. 03/54 43 03 33): viktorianisches Kolonialhotel.

Sehenswürdigkeiten: In Ballarat ist mit Sovereign Hill ein guter Nachbau einer Goldgräber-Siedlung gelungen, dort kann man auch selbst Gold waschen. Im Eintrittspreis ist das Goldmuseum eingeschlossen (tgl. 9.30–17 Uhr). Sehenswert ist die Licht- und Tonschau über die Eureka-Rebellion der Goldgräber, eines der wichtigsten Ereignisse der australischen Kolonialgeschichte. 1854 hatten Goldgräber gegen die hohe Minensteuer und für eine Beteiligung am politischen Entscheidungsprozeß protestiert. Dazu errichteten sie in Ballarat ein Bollwerk und zogen eine neue Flagge auf. Die Rebellion wurde schnell niedergeschlagen, aber schon 1857 erhielten die Goldgräber in Victoria das Wahlrecht.
In Bendigo kann man in die Central Deborah Mine einfahren und die Goldsuche nacherleben. Eine Erinnerung an die chinesischen Goldsucher ist ihr einstiger Tempel in Bendigo (Finn St, Emu tgl. 10–17 Uhr) und das Golden Dragon Museum (5–11 Bridge St, tgl. 9.30–17 Uhr).

Information: Ballarat Tourist Office, Sturt St, Tel. 03/53 20 57 41, www.ballarat.vic. gov.au; Bendigo & District Information Centre, Charing Cross, Tel. 03/54 44 44 45, www.bendigo.vic.gov.au.

Wilsons Promontory, The Lakes National Park

Karte: Seite 112/113, Planquadrat G 7.
Die beiden Nationalparks umfassen jeweils sehr unterschiedliche Küstenabschnitte. Wilsons Promontory ist eine große Wildnis-Halbinsel, die in die Bass Strait hineinragt. The Lakes National Park umfaßt einen gut 100 km langen Küstenstreifen, hinter dem sich eine ausgedehnte Lagune erstreckt.

Anreise: Wilsons Promontory erreicht man von Melbourne aus über den South Gippsland Highway (Nr. 189) und die Nebenstraße 189. Der Lakes District ist mit Melbourne über den Princess Highway verbunden, dieser führt direkt durch den Hauport Lakes Entrance.

Unterkunft: Auf der »Prom« gibt es Kabinen für Selbstversorger, die in der Hauptsaison nur wochenweise vermietet werden. In Lakes Entrance mangelt es nicht an überwiegend preiswerteren Unterkünften, z.B. »Riviera Backpackers YHA« (5 Clarkes Rd, Lakes Entrance, Tel. 03/51 55 24 44).

Sehenswürdigkeiten: Der einzige Ort auf Wilsons Promontory, meist »Prom« genannt, ist Tidal River. Rings um den Ort gibt es sehr viel Tierleben. Der Lakes District ist vor allem für Wassersportler interessant, im Sommer kann man in Lakes Entrance Boote mieten. Die Region ist auch ein guter Ausgangspunkt für Ausflüge in das alpine Hinterland.

Information: Nationalpark-Zentrum Wilsons Promontory, Tidal River, Tel. 03/56 80 95 55 (Sonntag geschlossen); Lakes Entrance Tourist Information, Tel 03/51 55 19 66, www.lakes-entrance.com.

Eisenbahnfreunde zieht es in die Dandenongs zur »Puffing Billy« und vielen Modellbahnen

Kutschfahrt durch Sovereign Hill nahe Ballarat

Das Proudfoot Boat House in Warrnambool verströmt den Charme viktorianischer Seebäder

Weideland am Moonlight Head bei Warrnambool

Chinesischer Tempel in Bendigo

Victoria ist zwar fast so groß wie Großbritannien, nimmt aber weniger als drei Prozent der Fläche Australiens ein. Dennoch ist der Staat landschaftlich vielfältiger als die meisten anderen Bundesstaaten. Auf kurzen Distanzen erlebt man eine ständig wechselnde Pflanzenwelt zwischen hochalpinen Regionen und den Stränden Victorias. Trotz intensiver Landwirtschaft ist mehr als ein Drittel des »Garden State« bewaldet.

In der »Talking Tram« auf Sightseeing Tour durch Bendigo

TASMANIEN

Grüne Insel des roten Kontinents

Das für Australien charakteristische Rot des Outback fehlt Tasmanien. Eine grüne Wildnis bedeckt die Insel dank eines maritimen, relativ feuchten Klimas. Die Wildnisgebiete sind es auch, die viele Besucher hierher locken (Foto: Tesselated Pavements, Pirates Bay). Dazu blieb durch die Abgeschiedenheit der Insel der historische Reiz einiger Städte und Dörfer erhalten.

Ähnlich unfallträchtig wie die Südwestküste Victorias war früher die oft stürmische Bass Strait, die Meeresstraße zwischen Victoria und Tasmanien. Allein vor King Island, einer der Inseln in der etwa 130 bis 250 Kilometer breiten Passage, sind rund 70 Schiffe auf Grund gelaufen, dabei kamen mehr als 850 Menschen ums Leben. Unter den Schiffbrüchen war auch die größte Seekatastrophe, die sich zu Friedenszeiten je in Australien ereignete: 1845 rammte die Bark »Cataraqui«

Am Battery Point in Hobart

ein bis dato unbekanntes Unterwasserriff. Von den 415 Menschen an Bord konnten sich nur neun auf die Insel retten. Erst nach diesem Desaster beschloß die Regierung, in der Bass Strait mehrere Leuchtfeuer einzurichten. Das erste wurde zwei Jahre später weit entfernt von King Island entzündet. Die Insel selber mußte noch 16 weitere Jahre auf eine solche Navigationshilfe warten.

Tasmanien – Insel jenseits der »Roaring Forties«

Die Meeresstraße, in die stets die starken Winde und die hohen Wogen der »Roaring Forties«, der »brüllenden« Vierziger-Breitengrade, wie in einen Trichter hineindrücken, prägte das Schicksal Tasmaniens, obschon diese Passage lange unentdeckt blieb. Der erste Europäer, der auf das bergige Land stieß, Abel Tasman, erkannte 1642 nicht, daß er vor einer Insel ankerte. Auch seine Nachfolger, ob es nun Furneaux, Cook oder »Bounty«-Kapitän Bligh waren, fanden die Bass Strait nicht. Erst als Matthew Flinders 1798 Van Diemen's Land – wie Tasman

Segelyachten und Langustenfischer liegen einträchtig nebeneinander im Hafen von Hobart

Vor der Ausfahrt werden die Langusten-Körbe überprüft und hergerichtet

Eine kleine Stadt ist Hobart nicht. Wegen ihrer beengten Lage zwischen den Bergen und der See ist die Stadt zwar relativ schmal, sie erstreckt sich aber über mehr als 20 Kilometer. Den historischen Stadtkern kann man jedoch leicht zu Fuß erwandern, die vielen erhaltenen Zeugnisse einer großen und wohlhabenden Vergangenheit liegen fast alle nahe beieinander.

Segelregatta auf dem Derwent River

Ausstellung im Tasmanian Museum & Art Gallery

Café am Salamanca Place von Hobart (unten)

seine Entdeckung genannt hatte – umrundete, war der Inselcharakter erkannt. Dies war eine frohe Botschaft, mußten doch die Schiffe auf dem Weg von und nach England nicht mehr um Van Diemen's Land herumsegeln. Der Weg durch die Bass Strait sparte etwa eine Woche Reisezeit.

Auf der rund 67 000 Quadratkilometer großen Insel lebten damals schätzungsweise vier- bis fünftausend Aborigines. Sie hatten keinerlei Kontakt zu den Eingeborenen des australischen Festlandes und unterscheiden sich auch genetisch von ihnen. Sie waren vor Jahrtausenden vom Kontinent eingewandert, als die Bass Strait noch schmaler war als heute und mit einfachen Auslegerbooten überquert werden konnte. Mit dem Ende der Eiszeit vor etwa 10 000 Jahren stieg der Meeresspiegel, die Verbindung zwischen Kontinent und Insel riß ab.

Tasmaniens Aborigines wurden wie Tiere gejagt

Die in Jahrtausenden gewachsene Kultur der Ureinwohner überlebte die Landung der ersten weißen Siedler 1804 im heutigen Hobart nur um wenige Jahrzehnte. Im Streit um das fruchtbare Land wurden die ohnehin nicht als vollgültige Menschen anerkannten Aborigines wie in anderen Teilen Australiens verjagt und planmäßig ausgerottet. Ab 1828 stand die Insel zeitweise unter Kriegsrecht – jeder Weiße konnte nun innerhalb des Siedlungsgebietes Eingeborene straflos töten. Zwei Jahre später bildeten die Siedler sogar eine Menschenkette und durchquerten wie bei einer Treibjagd die Insel. Eine der letzten Ureinwohnerinnen, die1876 in einem Internierungslager starb, präparierten die Weißen, um ihren Körper in einem Museum auszustellen.

Anders als auf dem Festland konnten sich die Aborigines in Tasmanien nicht in das für die Weißen landwirtschaftlich uninteressante Landesinnere zurückziehen, denn die Wildnisgebiete im Westen und Südwesten der Insel sind so schwer zugänglich, daß es dort bis heute weite Landstriche gibt, die wahrscheinlich nie eines Menschen Fuß je betreten hat. Die jetzt auf Tasmanien lebenden Aborigines sind größtenteils Nachfahren einer kleinen Siedlung auf den Furneaux-Inseln im Nordosten.

Weil Tasmanien nur schwer zu erreichen war, hat es auch erst spät an der »modernen Entwicklung« Australiens teilgenommen. Und deshalb wirkt es mancherorts wie ein aufgeschlagenes Geschichtsbuch. In der ersten Hälfte des 19. Jahrhunderts glaubte man noch an eine große Zukunft Tasmaniens. So entstanden – meist mit billiger Häftlingsarbeit – stolze Gebäude und Brücken. Das alte Parlamentsgebäude, das Theatre Royal und die Lagerhäuser am Salamanca Place in Hobart oder die Brücken in Richmond und Ross sind ästhetisch schöne Relikte einer dunklen Epoche.

Armut bewahrte viele historische Bauten vor dem Abriß

Als aber 1853 die Häftlings-Deportationen nach Van Diemen's Land eingestellt wurden und auf dem Festland die Industrialisierung begann, wurde die Inselkolonie weniger wichtig. Sie konnte sich keine großen Investitionen mehr leisten. So blieben der freundlichen Hauptstadt Hobart, der zweitgrößten Stadt Launceston und vielen kleineren Städten ihre historischen Bauten erhalten: Australiens Denkmalschutzorganisation »National Trust« hat auf Tasmanien über 20 »historische« Städte und Dörfer klassifiziert, eine erstaunliche Zahl für Australiens kleinsten Bundesstaat.
Hobart wurde mit der besten Kollektion frühgeorgianischer Bauten des 18. Jahrhunderts, mit dem ältesten noch genutzten Museum und dem ältesten Tennisplatz Australiens in die Denkmalsliste eingetragen. Für den Tourismus, neben Bodenschätzen und Landwirtschaft die wichtigste Einnahmequelle der Tasmanier, zahlt sich der unfreiwillige Erhalt alter Häuser nun aus: Kein australisches Urlaubsgebiet hat mehr historische Herbergen und mehr als 100 Jahre alte Bed & Breakfast-Adressen als Tasmanien, das sich mit dem Ende der Häftlingstransporte diesen neuen Namen gab. Es sollte die Schatten über dem Wort Van Diemen's Land vergessen machen.

»Ghost Tour« durch Port Arthur, das Modellgefängnis seiner Majestät

Die berühmtesten, aber auch berüchtigtsten historischen Bauten sind nicht mehr bewohnt. »Gott sei Dank«, sagt Fremdenführer Peter und läßt während der alltäglichen »Ghost Tour« den Lichtstrahl seiner starken Taschenlampe über die Mauern der Ruinen von Port Arthur tan-

Die historische Brücke von Richmond wurde 1823 in mühsamer Handarbeit von Gefangenen errichtet

Richmond: Die Main Street ist gesäumt von Häusern des 19. Jahrhunderts

Der National Trust, Australiens Denkmalschutzorganisation, hat auf Tasmanien besonders viel zu tun. Gemessen an seiner Größe besitzt der kleinste Staat des Landes mehr denkmalgeschützte Bauten als jeder andere australische Staat. Für 89 Dollar Jahresgebühr kann jedermann Mitglied werden. Dafür kann man alle historischen Stätten des National Trust besuchen.

In Evandale bei Launceston steht das georgianische Clarendon House

Die Ruine der Kirche der Häftlingskolonie Port Arthur wurde zu einem Symbol der Insel Tasmanien

Wie in Launceston sieht es am Rand aller australischen Städte aus: Jeder baut sein Eigenheim

zen. »Port Arthur wurde 1830 gegründet, mehr als 12 000 Gefangene mußten hier jahrelange Strafen verbüßen, bis die Gefängnisse 1870 geschlossen wurden«, erklärt Peter und läßt den Lichtschein über die Reste des »Modell Prison« wandern.
»Port Arthur galt unter den Häftlingen seiner Majestät als besonders schwere Strafe, und das Modellgefängnis hier war sehr gefürchtet.« Dabei galt es zu seiner Zeit als besonders human: Gefangene, die Verfehlungen begangen hatten, wur-

Denkmalgeschützter Laden in Launceston

den nicht mehr wie zuvor bis zur Bewußtlosigkeit ausgepeitscht, sondern in Isolierzellen eingesperrt, in denen sie nahezu keinen Kontakt zu anderen Menschen hatten, nichts hörten und nicht sprechen durften.
Wann immer sie ihre Zelle verlassen konnten, mußten sie eine undurchsichtige Kapuze tragen, auch bei dem täglich einstündigen Rundgang hinter hohen Mauern, berichtet Peter. »Das Ergebnis solcher Humanität: Die Gefangenen wurden im wahrsten Sinne des Wortes wahnsinnig. Und das lebenslänglich.« Lebenslänglich – Peter benutzt den Ausdruck »For the Term of his Natural Life«. Dies ist auch der Titel eines der berühmtesten australischen Romane, der in Port Arthur und in der ebenso gefürchteten Gefangenenkolonie auf Norfolk Island 1700 Kilometer nordöstlich von Sydney spielt. Marcus Clarke veröffentlichte das Buch 1885, bereits 1927 diente es als Vorlage für einen Stummfilm, der heute täglich in Port Arthur zu sehen ist.

Baumfarne im Mount Field National Park

Viel Regen sorgt bei Wynyard im Nordwesten für sattgrüne Weiden

Am Lake St. Clair

Tasmanien hat 14 Gebiete als Nationalparks ausgewiesen. Die vier größten liegen im Süden, grenzen aneinander und bilden gemeinsam mit einem weiteren Nationalpark und einem Naturschutzgebiet seit 1982 eine World Heritage Area. Sie steht unter speziellem Schutz der Vereinten Nationen und wurde 1989 auf nahezu 1,4 Millionen Hektar erweitert. Dieser Schutz ist auch notwendig, denn noch immer werden jedes Jahr weite Flächen des ursprünglichen Waldes, in denen viele nur auf Tasmanien vorkommende Arten überlebt haben, für die Papierindustrie gefällt. Heute sind fast 40 Prozent der Insel von Wäldern bedeckt, der Regenwaldanteil beträgt allerdings nur noch sieben Prozent.

Auf dem Lake-St.-Clair-Campingplatz

Cradle Lake (unten)

Die Kirche von Port Arthur, die im Sonnenschein mit ihren neogotischen Türmchen wie ein nettes Spielzeug aus dem Baukasten aussieht, wirkt bei schwankendem Laternenlicht und im fahlen Mondschein besonders gespenstisch. »Sie ist nie eingeweiht worden«, flüstert Peter, um die geisterhafte Stimmung zu erhöhen, »weil beim Bau ein Gefangener von einem anderen ermordet wurde. Seither gilt die Ruine, gilt ganz Port Arthur als verflucht.«

Dieser Fluch fand für manchen Tasmanier am 26. April 1996 eine blutige Bestätigung: An jenem Tag erschoß ein geistesgestörter jugendlicher Amokläufer in Port Arthur wahllos 35 Menschen – eine Tat, die ganz Australien bis zum heutigen Tag fassungslos läßt.

Solch ein Verbrechen ausgerechnet in Tasmanien, das sich selbst als »Holiday Isle« lobt und von den Festlandsaustraliern als brave Familienidylle angesehen wird, ein bißchen hinterwäldlerisch, aber ansonsten entspannend harmlos – das hatte niemand in Australien für möglich gehalten. Gefahr, so glaubte man, drohe auf der Insel nur, wenn man sich in den Wildnisgebieten an der Westküste verirre. Das allerdings passiert hin und wieder sogar erfahrenen »Bushwalkers«. Der Westen und Süden des Landes sind das letzte ausgedehnte und unerschlossene Regenwald-Wildnisgebiet in einer kühlen Klimazone. Deshalb wird der größte Teil dieser Landschaft, die von der Unesco zu einem schützenswerten »Welterbe« erklärt wurde, auch von fünf nahtlos ineinander übergehenden Nationalparks abgedeckt, die 20 Prozent der Insel einnehmen.

Fast ein Drittel der Insel steht unter Naturschutz

Die bekanntesten Nationalparks sind Cradle Mountain-Lake St. Clair und Franklin Lower Gordon Wild Rivers, ersterer, weil er relativ leicht zugänglich ist, letzterer, weil er 1983 zu einem Symbol für alle australischen Naturschützer wurde. Damals sollte der Franklin River zur Elektrizitätsgewinnung aufgestaut werden – die Wildnis wäre zerstört worden. Deshalb blockierten Naturschützer aus Tasmanien, später auch aus ganz Australien, für elf Wochen die Zufahrtsmöglichkeiten. Hunderte von Protestierenden wurden festgenommen, aber der Widerstand erlahmte nicht.

Daraus entwickelte sich die erste kontinentweite Diskussion um den Umweltschutz, zuvor ein Thema, um das sich die Australier so gut wie überhaupt nicht gekümmert hatten. Der Protestbewegung gelang es, den Bau des Staudamms zu verhindern. Mehr noch: Als die Grünen 1989 bei den tasmanischen Wahlen antraten, gewannen sie 18 Prozent der Stimmen und konnten als Zünglein an der Waage in vielerlei Hinsicht die Politik bestimmen. Sie setzten einige der Nationalparks und sonstigen Schutzgebiete durch, die heute insgesamt gut 30 Prozent der Inselfläche einnehmen und nun der Stolz Tasmaniens sind.

Auf Tasmanien entstand Australiens Umweltschutzbewegung

»Heute kann sich kaum noch ein Politiker daran erinnern, daß er einst für den Damm gestimmt hat«, spottet Laurie, ein Wilderness Guide der »Cradle Mountain Lodge«. »Jetzt sind sie alle Nationalpark-Fans.« Laurie, hoch in den Siebzigern, aber immer noch als Trail Guide aktiv, erinnert sich gut an die Auseinandersetzungen: »Sie haben Australien verändert.«

In diesen glücklicherweise erhaltenen ausgedehnten Wäldern hat, da sind sich

Leuchtturm auf dem Felsvorsprung Mersey Bluff bei Devonport

alle »Tigerexperten« einig, der Tasmanian Tiger überlebt. Offiziell gilt er als ausgestorben, nachdem das höchstwahrscheinlich letzte Exemplar 1936 im Zoo von Hobart an Altersschwäche einging. Der »Tiger« ist trotz seiner Streifen auf dem Hinterteil keine Katze und trotz seines entfernt an den Wolf erinnernden Aussehens kein Mitglied der großen Hundefamilie. Die in deutschen Tierbüchern gebräuchliche Bezeichnung »Beutelwolf« deutet schon eher in die richtige Richtung, denn der »Thylacinus« – so der wissenschaftlich korrekte Name – war ein Beuteltier wie Känguruh und Koala, allerdings ein fleischfressendes.
Das sollte denn auch zu seinem Todesurteil werden. Weil der Tasman-Tiger den Farmern die Schafe von der Weide holte, wurde er gnadenlos bejagt. Bis zur totalen Ausrottung? Es vergeht kein Jahr, in dem nicht mindestens ein Wildniswanderer aus dem Busch zurückkehrt und der mittlerweile nur noch mäßig erstaunten Zivilisation mitteilt, er habe einen Thylacinus gesehen. Verdächtig nur, daß diese Meldungen meist im nachrichtenarmen Sommer auftauchen.

Tasmanian Devil: Räuber aus der Vorzeit

Wohl wissend um die Werbewirksamkeit des für Menschen ungefährlichen Beutelwolfs hat sich die staatliche Tourismusorganisation einen nahen Verwandten des Tasmanian Tiger zum Maskottchen ausgewählt: Der Tasmanian Devil ist wie sein großer Vetter ein fleischfressendes Beuteltier, allerdings zu klein, um einem Schaf gefährlich werden zu können. Der kräftige Nachtjäger, der Eidechsen, Mäuse und sogar Garnelen als Beute schätzt, hat allein auf Tasmanien überlebt, vermutlich, weil es dort keine Dingos gibt. Wenn ihn Menschen aufstöbern, fletscht er sein respekteinflößendes Gebiß und stößt »teuflische« Knurrlaute aus.
Das rechte Wappentier, wenn das »brave Tassie« einen Kontrapunkt für seinen Ruf als »Apfelinsel« sucht. Den Spitznamen verdankt die Insel der Tatsache, daß die knackigen Früchte nirgendwo besser gedeihen als auf dem südlichen Anhängsel des Fünften Kontinents. Dieser Umstand wiederum verhalf Maria Smith zu Weltruhm. Sie begann im Jahr 1868 die Apfelart »Granny Smith« zu züchten, die heute ihren Namen auf die Wochenmärkte der ganzen Welt trägt.

In Stanley errichtete die Van Diemen's Land Company 1826 ihren Hauptstützpunkt auf Tasmanien

Im Schatten des 150 Meter hohen Felsmassivs »The Nut« liegt das geschichtsträchtige Dorf Stanley

Hafen und Bibliothek des Fischerortes Strahan

Allee bei Stanley

Hobart

Karte: Seite 112/113, Planquadrat G 9.
Die nach Sydney zweitälteste Stadt Australiens war in den Tagen der Segelschiffahrt einer der wichtigsten Häfen Australiens und besitzt aus dieser Epoche viele historische Bauten. Heute hat Hobart trotz seiner 218 000 Einw. (Großraum) den Charme einer Kleinstadt.
Anreise: Der Flughafen von Hobart (Airportbus ins Zentrum) wird vornehmlich von Melbourne und Sydney bedient.
Fast alle Fernstraßen der Insel enden in der Hauptstadt. Die wichtigste Verbindung ist der Midland Highway, der Hobart mit Launceston, der zweitgrößten Stadt, und mit Devonport verbindet. Dort macht die Fähre von Melbourne fest. Abfahrt Melbourne/Devonport tgl. 21, Dez./Jan. zusätzl. 9 Uhr.
Unterkunft: Das Spitzenhotel ist das »Savoy Hobart« (38 Elizabeth St, Tel. 03/62 20 23 00); wer sein Glück in Australiens ältestem Spielkasino erproben will, kann im »Wrest Point Casino Hotel« (Tel. 03/62 11 17 50) nächtigen.
Unter den geschichtsträchtigen alten Häusern ragt das elegante, nicht ganz billige »Lenna of Hobart« (Tel. 03/62 23 29 11) am Battery Point hervor.
Sehenswürdigkeiten: Einen schönen Blick auf die Stadt und die Mündung des Derwent River hat man vom 1270 m hohen Mount Wellington, auf den eine Straße führt. Das Zentrum der Stadt gruppiert sich um den Hafen und die Elizabeth St, die auf die Piers zuläuft. Samstags vormittags verlagert sich der Einkaufstrubel auf den Markt vor den historischen Warenhäusern des Salamanca Place.
Von hier aus sind es nur ein paar Schritte zur Altstadt am Battery Point, wo rings um die einstige Festung noch Häuser stehen, in denen zu kolonialen Zeiten Kapitäne und Kaufleute lebten. Eines birgt das Narryna Heritage Museum (103 Hampden Rd, Di–Fr 10–16.30, Sa/So 14–17 Uhr). An der Argyle Street präsentiert ein Maritime Museum (tgl. 10–17 Uhr) Landkarten und andere Gegenstände der Seefahrtsgeschichte.
Die größte Sammlung der Stadt, das Tasmanian Museum & Art Gallery, zeigt u. a. eine Kollektion australischer Malerei sowie naturhistorische und ethnologische Ausstellungsstücke (Zugang von der Macquarie St, tgl. 10–17 Uhr).
Hobart birgt drei australische Rekorde: die älteste Kaserne, das älteste Theater und die älteste Brauerei. Die Anglesea Barracks werden zwar immer noch von der Armee genutzt, ihr Museum ist aber frei zugänglich (Di 9–13, Do 9–12 Uhr, Di um 11 Uhr Führung durch die Kaserne). Das Theatre Royal (29 Cambell St) wurde 1837 gebaut und wird immer noch bespielt. Die Cascade Brewery kann Mo–Fr um 9.30 und 13.00 Uhr (Führung, 2 Std.) besichtigt werden, Anmeldung: Tel. 03/62 21 83 00. Das größte historische Gebäude ist das 1841 bezogene Parliament House.
Restaurants: Fisch bietet »Mures Fisch Centre« (Victoria Dock, Tel. 03/62 31 21 21), phantasievolle Küche »Mit Zitrone« (333 Elizabeth St, Tel. 03/62 34 81 13).
Ausflüge: Das bekannteste Bauwerk von Richmond, eine historische Kleinstadt bei Hobart, ist die 1823 von Gefangenen erbaute Steinbrücke, die älteste im Land.
Information: Tasmanien Travel & Information Centre, Elizabeth/Davey Sts, Tel. 03/62 30 82 33, www.discovertasmania.com.au. Hier bekommt man auch die Informationszeitung »Tasmanian Travelways« mit aktuellen Fahrplänen und Fahrpreisen der Busse, mit denen man die meisten Ziele auf der Insel erreichen kann. Für Reisende, die mit Bussen unterwegs sind, empfiehlt sich der »Wilderness & Highway Pass« des Unternehmens »Hobart Coaches«.

Port Arthur

Karte: Seite 112/113, Planquadrat G10.
Anreise: Es gibt eine Busverbindung zwischen Hobart und Port Arthur.
Unterkunft: Bei der Ruinenanlage gibt es das »Port Arthur Motor Inn« (Mittelklasse, Tel. 03/62 50 21 01), eine Jugendherberge (Tel. 03/62 50 23 11) und einige Anlagen mit Ferienwohnungen.
Sehenswürdigkeiten: Das aufwendig restaurierte Gefangenenlager besteht aus mehreren Gebäuden: Die bekanntesten sind die Kirche, das Modellgefängnis, in dem die Gefangenen mit absoluter Isolation und Schweigen bestraft wurden, und das Irrenhaus, in dem heute das Gefängnismuseum untergebracht ist. Ferner gibt es ein Knabengefängnis in dem jugendliche Straftäter erzogen wurden.
Ausflug: In Tarana, nördl. von Port Arthur, kann man das Wappentier der Insel, den Tasmanian Devil, und andere einheimische Tiere beobachten (Tasmanian Devil Park, Arthur Hwy, tgl. 9–17 Uhr).
Information: Port Arthur Information Office, Tel. 03/62502363 (tgl. 9–17 Uhr), www.portarthur.org.au.

Devonport: Don River Railway Museum

Launceston

Karte: Seite 112/113 Planquadrat F 9.
Tasmaniens zweitgrößte Stadt (70 000 Einwohner, 1805 gegründet) liegt am Ende eines langen Fjordes, den die Mündung des Tamar River bildet.
Anreise: Launceston ist mit dem Fährhafen Devonport über den Bass Highway und mit Hobart über den Midland Highway verbunden. Die Stadt hat den zweitgrößten Flughafen Tasmaniens (Direktflüge nach Melbourne).
Unterkunft: Die beste Adresse ist das luxuriöse »Country Club Casino« (Tel. 03/63 35 57 77) 8 km außerhalb der Stadt. Einfach, aber stilvoll ist das »Batman Fawkner Inn« (35–39 Cameron St, Tel. 03/63 31 72 22).
Sehenswürdigkeiten: Das größte Naturschauspiel der Stadt ist die Cataract Gorge, die steile Schlucht des South Esk River unmittelbar beim Stadtzentrum. Sie wird von einer Sesselbahn überquert (tgl. 9–17 Uhr). Nahe der Schlucht liegt die Penny Royal World, ein historischer Themenpark mit alten Wind- und Wassermühlen, einer Schießpulverfabrik und anderen historischen Anlagen. Ein Raddampfer offeriert Rundfahrten auf den Flüssen. Das Queen Victoria Museum & Art Gallery hat eine vorzügliche Sammlung zur Geschichte und Kultur der Insel (Wellington St, Mo–Sa 10–17, So 14–17 Uhr). Sehenswert ist auch der »Old Umbrella Shop« (60 George St), eine Geschenkboutique aus dem 19. Jh.

Restaurants: In der Innenstadt gibt es viele, oft sehr gemütliche Cafés, so etwa »Café Elm« (168 Charles St, Tel. 03/63 31 74 33).
Für Gourmets wird das »Free & Me« empfohlen (190 Charles St, Tel. 03/63 31 31 95).
Information: Tasmanian Travel & Information Centre, Paterson/St. John Sts, Tel. 03/63 36 31 22.

Nationalparks

Alle tasmanischen Nationalparks sind ganzjährig geöffnet, aber für die Gebirgsparks sind Sommer und Herbst die besten Jahreszeiten.
Südwesten: Fünf Nationalparks im Bergland gehen im Südwesten ineinander über, einige dieser Flächen sind noch urtümliche Wildnisgebiete. Manche Regionen können nur zu Fuß oder mit kleinen Wasserflugzeugen erreicht werden. Es gibt aber auch Gebiete, die überhaupt nicht zugänglich sind.
Anreise: Der kleine Hartz Mountains N. P. ist zwar über eine Stichstraße zu erreichen. Aber ansonsten führt keine Straße in die Südregionen und in den Southwest N. P. Das Gebiet der beiden größten Nationalparkseen, Lake Gordon und Lake Pedder, ist über eine Stichstraße vom Lyell Highway aus zu erreichen. Der Lyell Highway verbindet Hobart mit der Westküste und führt dabei quer durch die beiden nördlichen Parks hindurch. Von der Straße gehen mehrere Rundwanderwege ab.
Diese Straße führt auch durch Queenstown, eine Stadt, die zeigt, wie man die Natur zerstören kann. Rings um die alte Minensiedlung sind zur Befeuerung der Erzöfen fast alle Bäume gefällt worden. Was stehen blieb, wurde durch giftige Dämpfe aus den Hochöfen zerstört. Queenstown ist deshalb von einer eindrucksvoll-erschreckenden Mondlandschaft umgeben.
Im Norden verläuft eine Straße relativ nahe am Cradle Mountain vorbei, eine andere führt zum benachbarten kleinen Walls of Jerusalem N. P. Der Mount Field National Park wird ebenfalls durch die erwähnte Stichstraße vom Lyell Highway erschlossen.
Unterkunft: »Cradle Mountain Lodge« im Nordwesten des Nationalparks (P. O. Box 153 Sheffield, Tel. 03/64 92 13 03); »Franklin Manor« (The Esplanade, Tel. 03/64 71 73 11) in Strahan.
Sehenswürdigkeiten: Der größte Park dieser Gruppe ist der South West N. P. (440 000 Hektar), in dem man eine seltene Papageienart beobachten kann. Nördlich schließt sich der fast ebenso große Franklin Lower Gordon Wild Rivers N. P. an, das Herzstück der Unesco »World Heritage Area«. Dort wachsen mehr als 2000 Jahre alte Huon-Kiefern.
Der dritte große Park dieser Gruppierung ist im Norden der Cradle Mountain-Lake St. Clair N. P., in dem auch der höchste Berg der Insel, der 1617 m hohe Mount Ossa, liegt. Er ist ein beliebtes Wanderziel. Der Park umschließt die landschaftlich schönste Region des zentralen Hochlands mit Hochmooren, subalpinen Heiden und gemäßigten Regenwäldern.
Tageswanderungen: Naturlehrpfad Watersmeet Nature Walk nahe der Ranger Station bei der Cynthia Bay (hin und zurück 3,5 km); Rundwanderung Mount Rufus Walk (18 km); Shado Lake and Forgotten Lake Walk (12 km). Auf dem St.-Clair-See sind Ausflüge und Bootsfahrten möglich. Geführte Touren über den Overland Track bietet Cradle Huts, 22 Brisbane St, Launceston, Tel. 03/63 31 20 06.
Der Walls of Jerusalem N. P. verdankt seinen Namen einer Felsformation, die wie ein riesiges natürliches Amphitheater wirkt. Durch alle, vor allem aber durch die großen Parks, erstreckt sich ein weitmaschiges Netz von Wanderpfaden, die wochenlange Touren ermöglichen.
Ostküste: Die weniger besuchte Ostküste nördlich von Hobart ist mit vier Nationalparks bestückt; ein weiterer, der Ben Lomond N. P., liegt im Hinterland des Nordostens. Maria Island wird von der Prosser Bay aus mit einer Fähre bedient. Der Nationalpark auf der Freycinet-Halbinsel und der Douglas-Aspley National Park etwas abseits der Küste können mit Abzweigen vom Tasman Highway erreicht werden. Der Mount William N. P. an der Norostecke der Insel ist nur über Nebenstraßen zu erreichen.
Information: Visitor Information, Tel. 03/64 92 11 33, sowie Lake St. Clair, Cynthia Bay, Tel. 03/62 89 11 72, www.parks.tas.gov.au

Die Gefängnisanlagen von Port Arthur sind auch noch als Ruinen eindrucksvoll

Ladenstraße vom Ende des 19. Jahrhunderts im Pioneer Village Museum in Burnie bei Devonport

Im Hafen der Inselhauptstadt Hobart sind die Langustenfischer zur Nacht vor Anker gegangen

Hobart: Tasmanian Museum & Art Gallery

Die Fähre von Melbourne läuft morgens im Hafen von Devonport ein

Museumsgut Highfield oberhalb von Stanley

Tasmaniens Wetter unterscheidet sich stark vom Wetter auf dem Festland. Da die Insel vom maritimen Klima gekennzeichnet ist, wird es im Sommer selten heiß, im Winter ist Frost zumindest in den Tallagen selten. Durch die Lage in der Starkwindzone der »Brüllenden Vierziger« wechselt das Wetter allerdings häufig und schnell. Die meisten Niederschläge erhalten die Bergflanken im Westen und Südwesten, die Ostküste ist relativ trocken.

Riesenkänguruh und andere Urtiere zeigt das Tasmanian Museum in Hobart

ADELAIDE Stadt der Künste

Den Künsten hat keine Stadt auf dem Fünften Kontinent mehr zu verdanken als Adelaide. Die lange als friedvoll und gemächlich, aber profillos geltende Kapitale von South Australia konnte sich dank ihres Festival of the Arts ebenso einen guten Ruf verschaffen wie durch ihre vorzüglichen Sammlungen (Foto: Art Gallery of South Australia, »Rhinoceros« von James Angus).

Er heißt »Floater«, ist Adelaides erklärte kulinarische Spezialität und ist definitiv Geschmackssache. Den Floater verspeist man in der Stadt vorzugsweise an Winterabenden an einem der rollenden Imbißstände, die nach den Bürostunden in der City ihre Stammplätze einnehmen: Der allaustralische Meat Pie, eine Art Fleischpastete in Blätterteig, schwimmt in Adelaide in einer dicken Erbsensuppe. »Isn't it bonzo?«, wollen die Adelaider wissen, wenn sie ihre Gäste zum Floater führen. Na ja, man muß wirklich von Adelaide sehr angetan sein, um das Gericht aus dem Plastiknapf »bonzo«, also nach australischer Sprachweise sehr gut, zu finden. Das fällt um so schwerer, als die Hauptstadt von South Australia für ihre vorzüglichen Restaurants bekannt ist. Und zur Ehrenrettung der Leute von Adelaide muß gesagt werden, daß sie nicht alle Fans des Floaters sind und daß sie ihre Besucher auch zu wahrhaft lukullischen Adressen führen.

Drohender Abstieg in die Bedeutungslosigkeit

Wieder einmal beweist sich die Faustregel, daß man dort, wo die Künste gepflegt werden, auch gut tafeln kann. Auf die Künste besann sich Adelaide denn auch klugerweise, als die Stadt nach dem Zweiten Weltkrieg gegenüber Sydney und Melbourne vollends ins Hintertreffen geriet. Adelaide gründete das erste internationale Festival Australiens, seither treffen sich jeweils in den Jahren mit gerader Zahl im Februar und März für drei Wochen Musiker, Schauspieler, Tänzer, Poeten und bildende Künstler im Arts Festival Centre.

Die über 100 Jahre alte »Adelaide Arcade« an der Rundle Mall bietet nostalgisches Einkaufsvergnügen

William-Light-Denkmal

Fast ein Jahr saßen die ersten Siedler Südaustraliens auf Kangaroo Island fest, weil sich Gouverneur Hindmarsh und Landvermesser Light nicht auf einen Standort für die Siedlung einigen konnten. Schließlich stimmten die Siedler ab. Light gewann mit 218 gegen 127 Stimmen. So entstand Adelaide quasi als erste »demokratische« Stadt Australiens.

Die »Szene« von Adelaide trifft sich in den Restaurants der Rundle Street

Wahrzeichen der Einkaufsstraße Rundle Mall sind die zwei Spiegelkugeln

Besuch aus dem Hafen an der Rundle Mall

Glenelg: Terrasse des »Stamford Grand Hotel«

Der moderne, insgesamt 20 Millionen Dollar teure Komplex mit den markanteckigen weißen Bauten im Park am Torrens-Ufer war 1974 Adelaides Antwort auf das ein Jahr zuvor eröffnete Opera House in Sydney. Und während dort der dänische Baumeister Jorn Utzon heftig angefeindet wurde, zollte Adelaide dem deutschen Künstler Otto Herbert Hajek viel Applaus für seine Gestaltung des Festivalplatzes mit bunten abstrakten Plastiken – heute ein Wahrzeichen der Stadt. Mit dieser Investition konnte Adelaide seinen Vorsprung halten: Das Festival von Adelaide ist bis heute das bedeutendste regelmäßige Kunstereignis Australiens. Weniger glücklich war Adelaide allerdings bei der Verteidigung einer Veranstaltung, die seit 1985 global noch mehr Schlagzeilen machte: das einzige Grand-Prix-Autorennen auf dem Fünften Kontinent. Doch Adelaide verlor es 1996 an Melbourne, das wohl tiefer in seine Geldtaschen gegriffen hatte. Adelaide versank, wie die Presse kommentierte, wieder im Schatten der beiden australischen Metropolen.

Millionen-Stadt ohne Verkehrsprobleme

Nicht alle Bewohner von Adelaide sind allerdings traurig darüber, daß die PS-gemästeten Boliden nicht mehr über die Straßen der Stadt röhren. »Das protzige Spektakel hat sowieso nicht zu Südaustralien gepaßt«, heißt es in dem Freundeskreis, der sich regelmäßig in einem der Straßenrestaurants in der Rundle Street trifft, um dem einheimischen Wein zuzusprechen: »Adelaide war immer mehr eine Stadt der Künste als des Sports. Und unsere Lebensart ist auch ruhiger, hier ist eigentlich kein Platz für hektische Autorennen.« Tatsächlich, Adelaide ist trotz seiner 1,1 Millionen Einwohner eine friedvolle, gemächliche Großstadt geblieben, die auch heute noch kaum Verkehrsstaus kennt.

Dieser sehr angenehme Charakter der Metropole drückt sich auch in der Architektur aus: Stolze Bauten mit viel steinernem Zierat aus dem 19. Jahrhundert, die vielfach – aber nicht überall – den Moden der Wolkenkratzer standhalten konnten. Die turmbewehrten Prunkstücke in der King William Street, das Rathaus und das Hauptpostamt, sind dafür ebenso Belege wie die Museen und der einstige Bahnhof mit dem eleganten

Das »Tandanya« nahe der City gilt als eines der besten Aborigines-Kulturzentren in Australien

Art Gallery: »Chuffing Around« von Tony Bishop (unten)

Tiwi-Plastiken im Aufgang der Art Gallery

Der Deutsche Künstler Otto Herbert Hajek schuf die bunten Plastiken vor dem Festival Centre (unten)

South Australia Museum: Grauwal-Skelett (unten)

Die Jam Factory ist ein Zentrum für Glaskunst (unten)

Spielkasino an der North Terrace. Die imperiale Bauweise findet das passende Ambiente in einer großzügig angelegten Stadt – und das nicht nur an den beiden genannten Hauptstraßen.

Das wohlgeplante Stadtbild ist Colonel William Light zu verdanken, der 1836 Adelaides Grundriß vor dem Hintergrund der dicht bewaldeten Mount Lofty Ranges zeichnete: ein Quadrat aus breiten und schmaleren Straßen, eingebettet in das grüne Flußufer und charakterisiert durch einen größeren Park im Zentrum und vier weitere kleine Parkanlagen, spiegelbildlich plaziert im Stadtgeviert. So entstand nicht nur eine elegante, sondern auch eine gut durchlüftete Metropole, in der trotz der hohen sommerlichen Temperaturen ein wenig mediterranes Lebensgefühl spürbar wird.

Das »charmante« Werk eines königlichen Landvermessers

»Light's Vision« nannten die ersten Siedler Südaustraliens den sorgfältig austarierten Stadtplan des königlichen General-Landvermessers. Und »Light's Vision« heißt folglich auch der Platz auf einem Hügel in Nord-Adelaide, in dem nicht nur ein Denkmal den Stadtgründer ehrt, sondern auch ein Blick über den Stadtkern diese »Vision« deutlich macht. Heute sind die Leute von Adelaide stolz auf dieses Konzept, das ihrer Kommune den Titel der »charmantest geplanten Stadt der Welt« eintrug, auch wenn sich Adelaide dieses Lob mit der amerikanischen Hauptstadt Washington und Schottlands Edinburgh teilen muß.

Light wird mittlerweile von Adelaides Bürgern in hohen Ehren gehalten: Der Oberbürgermeister trinkt alljährlich, wenn das Stadtparlament zusammentritt, aus einem silbernen Weinbecher – eine wertvolle Dankesgabe früher Siedler – einen zeremoniellen Toast auf Light.

Zu Lebzeiten Lights war sein Plan jedoch umstritten. Südaustraliens erster Gouverneur, John Hindmarsh, ein früherer Seeoffizier, wollte die Hauptstadt der neuen Kolonie lieber direkt an der See ansiedeln, in Port Lincoln auf der Eyre-Halbinsel. Light plädierte für das Terrain etwa zehn Kilometer östlich der Torrens-Mündung, weil es dort, anders als in Port Lincoln, nicht an Wasser für die Felder mangeln werde.

1837 stimmten die Siedler, ausschließlich freie Einwanderer, darunter viele britische Quäker, ab – und entschieden sich für Lights Plan. Doch der Landvermesser starb bereits zwei Jahre später und erlebte deshalb nicht mehr, wie Adelaide schnell zu einer der bedeutendsten Städte in den australischen Kolonien wurde. Von hier aus wurde das gesamte Zentrum des Kontinents bis hinauf zur Nordküste verwaltet. Das war zwar eine weglose Wildnis, aber doch die einzige Linie, auf der man ein Telegraphenkabel quer durch den Erdteil ziehen konnte.

Australiens einstiges »Tor zur Welt« hat seine Chance verpaßt

Nachdem es 1862 gelungen war, über die niederländische Kolonie im heutigen Indonesien einen Kabelanschluß bis ins britische Mutterland zu legen, brauchten Mitteilungen von und nach London nicht mehr die Wochen, die selbst die schnellen Klipper noch benötigten. Adelaide verband Australien mit der Welt – eine Chance, die Südaustraliens Hauptstadt nur teilweise nutzte.

Sie blieb dennoch, gemessen an den beiden großen Konkurrentinnen, merkwürdig profillos. Und mit diesem mangelnden Profil muß die schöne Stadt noch heute kämpfen – mit Kultur und Küche, aber ohne Formel 1.

Die Kuratoren des Museum of South Australia haben sich schon früh mit der Kunst der Aborigines beschäftigt. Dabei haben sie nie an den eigenen Landesgrenzen halt gemacht. Da South Australia früher auch das Northern Territory verwaltete, gab es auch Kontakte mit den Künstlern im Zentrum und im tropischen Norden. Deshalb finden sich im Museum auch Kunstwerke von den Tiwi Islands, von den Inseln Bathurst und Melville. Dank des frühen Sammlungsbeginns verfügt South Australia heute über eine der besten Aborigines-Kollektionen des Landes. Neben diesem Tribut an die Ureinwohner hat Adelaide aber auch die europäischen Vorfahren und ersten Siedler mit einem eigenen Einwanderungsmuseum geehrt.

REISE-INFO
ADELAIDE

Karte: Seite 112/113, Planquadrat F 6.
Adelaide ist Hauptstadt des Bundesstaats South Australia und hat rund 1,1 Mio. Einwohner. Die Stadt dient als Wirtschaftszentrum für die Industrie am Spencer Gulf und die Landwirtschaft.

Anreise: Der Flughafen von Adelaide hat Direktverbindungen in alle australischen Millionenstädte und in einige asiatische Städte. Viel beflogen wird die Touristenroute Adelaide–Alice Springs–Darwin. Nahezu alle größeren Orte in South Australia sind von Adelaide aus mit kleinen Linienflugzeugen zu erreichen. Die Stadt hat direkte Bahnverbindungen mit Sydney, Melbourne und Perth. Sie ist in das Fernstraßensystem eingebunden.

Öffentlicher Transport: Adelaide hat ein gutes Bus-System. Tageskarte: 6,20 A$. Auf der King William St verkehren werktags die Busse der Bee Line und 99 C gratis.

Unterkunft: Zu den besten Adressen der Stadt gehört das »Hyatt Regency Hotel« (North Terrace, Tel. 08/82 31 12 34). Ein preiswertes Haus in der City ist das »Ambassadors« (107 King Williams St, Tel. 08/82 31 43 31), eine Alternative sind die Hotels und Motels im Seebad Glenelg.

Sehenswürdigkeiten: Die meisten Sehenswürdigkeiten lassen sich zu Fuß erreichen, sie gruppieren sich um die Straßen zwischen Victoria Square und Torrens-Ufer. An North Terrace liegen das South Australia Museum (siehe Stadtplan, Planquadrat B 1; tgl. 10–17 Uhr). Im März 2000 wurde die hervorragende Aboriginal Cultures Gallery mit einer der größten Aboriginal Art-Sammlungen der Welt eröffnet. Zu sehen sind Artefakte aus 17 regionalen Kulturkreisen der Aborigines.
In der Art Gallery of South Australia (tgl. 9.30–17 Uhr, kostenlose Führungen Sa/ So 11, 15 Uhr) gibt es eine der bedeutendsten Sammlungen australischer Malerei zu sehen. Das Migration Museum zur Einwanderungsgeschichte ist nur ein paar Schritte entfernt (B 1; 82 Kintore Ave, Mo–Fr 10–17, Sa/So 13–17 Uhr).
In entgegengesetzter Richtung sind es nur ein paar Blocks zum Tandanya National Aboriginal Cultural Institute C3; 253 Grenfell St; tgl. 10–17 Uhr) ein Veranstaltungsort für Aborigines-Künstler. Das weiße Festival Centre am Flußufer (A 1) ist dank seiner Kunstwerke unübersehbar. Ganz in der Nähe befinden sich auch das Old Parliament House, Süd-Austaliens erstes Parlament von 1855, das heute das State History Centre beherbergt (Mo–Fr 9.30–16 Uhr). Der heutige Tagungsort des Parlaments, das klassizistische Parliament House (1883–1939), kann an sitzungsfreien Tagen besichtigt werden.
An der King William St, der breiten Prachtstraße in der City, fallen die viktorianischen Bauten der Town Hall (B 3) und des Hauptpostamtes dank ihrer Türme auf. Die Botanic Gardens und der Zoo liegen zwischen North Terrace und Torrens River. Im Bicentennial Conservatory des Botanischen Gartens entstand unter Glas ein tropischer Regenwald (tgl. ab 9 Uhr bis Sonnenuntergang).

Einkaufen: Das Tandanya-Zentrum für die Kultur der Aborigines (s. o.) hat ein gut sortiertes Geschäft für Kunstwerke der Ureinwohner. Ein reiches Angebot an Büchern über Aborigines, Musikkassetten und Textilien mit Aboriginesmotiven runden das Angebot ab.
Das größte Einkaufszentrum der Stadt, das Westfield Shopping Centre, ist mit dem Bus zum Tee Tree Plaza zu erreichen. Die bekanntesten Märkte der Stadt sind die East End Markets unweit der Rundle St (Fr und an Wochenenden) und der Orange Lane Market in einer Nebenstraße der Norwood Parade (Sa/So).

Ausgehen: Adelaide gilt neben Melbourne als die kulinarische Metropole Australiens. Die Rundle Street (C 2) ist gesäumt von Restaurants und Straßencafés, ebenso die Gouger St unweit des Victoria Square. Jenseits des Flusses gibt es in North Adelaide zahlreiche Cafés und Bistros.
Zu den besten Restaurants der Stadt zählen »The Grange« im Erdgeschoß des »Hilton« (233 Victoria Square, Tel. 08/82 17 20 00), mit asiatisch inspirierter Fusionküche sowie »The Manse« (142 Tynte St, Tel. 08/82 67 46 36) in einem viktorianischen Bürgerhaus mit französischer Küche.
In der populären »Universal Wine Bar« (285 Rundle St) bietet sich eine gute Gelegenheit, die Weine Südaustraliens kennenzulernen. Eine ganz andere Spezialität Adelaides sind die Pie Carts, die abends an zentrale Stellen der Innenstadt rollen und dort kleine Gerichte wie die Spezialität »Floater« anbieten.

Ausflüge: Der mit der City durch eine Tramlinie verbundene Strandvorort Glenelg (Abfahrt ab Victoria Square; B 4) erlaubt einen Sprung ins Meer. Dort liegt auch ein Nachbau jenes Segelschiffes vor Anker, mit dem 1836 die ersten Siedler eintrafen. Die »HMS Buffalo« birgt heute ein Museum (tgl. 10–17 Uhr) und ein gutes Restaurant (besonders Fischgerichte). Eine Schnellbahn und mehrere Buslinien verknüpfen die Innenstadt mit Port Adelaide, wo beim Maritime Museum (126 Lipson St; Di–So 10–17 Uhr) und beim Port Dock Station Museum (tgl. 10–17 Uhr) ein Hafenviertel restauriert wurde.
Das bevorzugte Ausflugsrevier der Hauptstädter sind die nur 30 km entfernten Adelaide Hills im Osten mit dem Hauptort Hahndorf (s. Seite 62, 66).
Wer eher nach Badestränden sucht, aber das am Wochenende meist stark besuchte Glenelg vermeiden möchte, sollte am Golf von St. Vincent weiter südlich fahren. Die beliebtesten Seebäder sind Christies Beach, Port Noarlunga sowie Seaford, Moana und Maslin Beach.

Information: Tourism South Australia Travel Centre, 18 King William St (Tel. 08/83 03 22 01), www.adelaide.southaustralia.com.

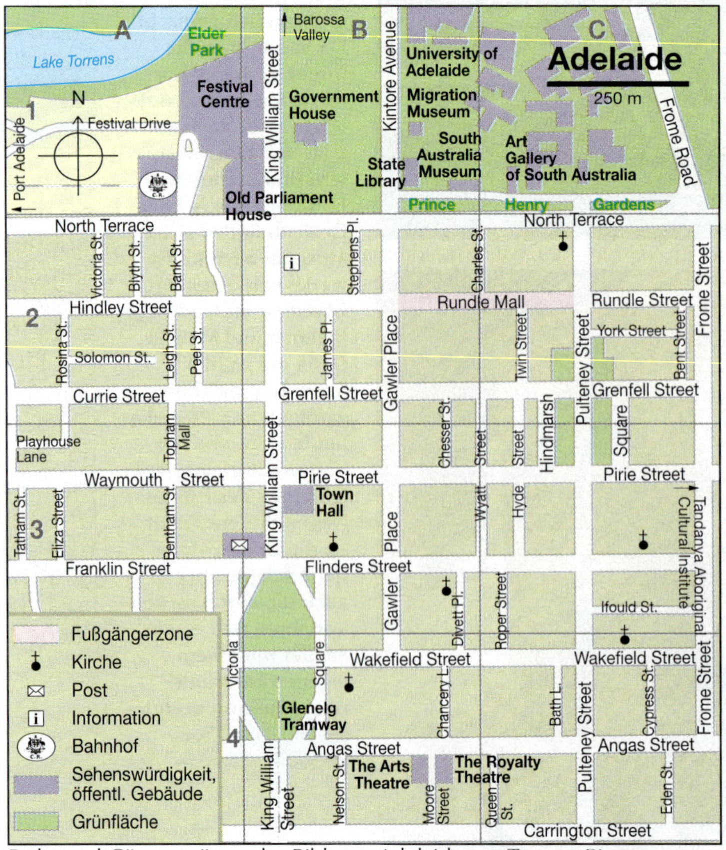

Parks und Gärten prägen das Bild von Adelaide am Torrens River

Kleine warme und kalte Leckerbissen nach spanischer Art bietet die Bar »Tapas« in der Rundle Street

Blick vom Musikstand auf das Festival Centre

Am Imbißwagen genießt man den »Floater«, Adelaides »Nationalgericht«

Treffpunkt Brunnen am Victoria Square

Südaustraliens mediterranes Klima prägt seine Landwirtschaft – der Staat ist der größte Olivenanbauer Australiens. Aber auch Artischocken, Mandeln und Tomaten gedeihen sehr gut. Selbst asiatische Gemüsesorten, die Einwanderer pflanzten, bringen gute Ernten. Mit all diesen Naturprodukten entwickelte sich – der britischen Tradition zum Trotz – in Adelaide schon früh eine besonders variantenreiche Küche. Lange bevor kalifornische Köche die westliche mit der asiatischen Küche vermischten, experimentierten südaustralische Köche mit solchen Gerichten.

Gute Küche und flotte Komik gehören zur Dinnershow im Ayers House

SOUTH AUSTRALIA

Wüsten, Wein und Edelsteine

Weite Teile von South Australia bestehen aus verdorrten sandigen Ebenen, heißen roten Felsen und Salzseen (Foto: Flinders Ranges). In dieser wüsten Region liegt der größte Schatz des Landes: die Opale von Coober Pedy. South Australia ist aber auch Weinland: 60 Prozent des Rebensaftes kommen aus diesem Bundesstaat, dessen wichtigstes Anbaugebiet das Barossa Valley ist.

Wind, Wasser und Sand haben die bizarren Formen der Remarkable Rocks im Flinders Chase National Park auf Kangaroo Island geschaffen

Wie einst zieht ein Pferd die Tram von Victor Harbour nach Granite Island

Emu Bay mit der Discovery Lagoon

Die Seelöwen an der Südküste von Kangaroo Island lassen sich von Touristen kaum noch irritieren

Leuchtturm am Cape Du Couedic

Im Flinders Chase National Park (unten)

South Australia ist stolz auf die Tatsache, daß es als einziger Staat Australiens nie das Ziel britischer Häftlingstransporte war. Was aber nicht heißt, daß Südaustralien frei war von Häftlingen, als die ersten Siedler 1836 auf Kangaroo Island an Land gingen. Dort hausten bereits entlaufene Gefangene aus Sydney und Van Diemen's Land, »wilde Desperados«, wie es in einem Roman von 1854 heißt. Der Schriftsteller griff dabei auf einen Expeditionsbericht von Captain Sutherland zurück, der 1819 Australiens drittgrößte Insel erkundet hatte und von Banden schrieb, die »nur wenig besser waren als Piraten«. Sie bekleideten sich mit Känguruhfellen, trugen Sandalen aus Seelöwenfell, und »sie stanken wie Füchse«.

Kangaroo Island – Urlaubsinsel der Australier

Kein strahlender Start für eine Insel, die heute zu einem Viertel Naturschutzgebiet ist und deshalb zu den beliebtesten Urlaubszielen für Australier zählt, nicht zuletzt wegen der vielen Känguruhs und Seelöwen, deren Pelze den ersten »Siedlern« als Kleidung dienten. Die echten Siedler aus England wollten möglichst schnell wieder weg von der Insel, weil sie sich auf dem Festland bessere Ernten versprachen. Der scheinbar so fruchtbare Inselboden erwies sich nämlich als ertragsschwach. Sehr viel später, als die Naturschützer schon ihre Nationalparks abgesteckt hatten, entdeckten Wissenschaftler, daß dem Inselgrund nur ein bestimmtes Düngemittel fehlte.
Seither fahren die Farmer dort ebenso reiche Ernten ein wie ihre Kollegen auf dem Festland, das sich bei Kangaroo Island mit drei Halbinseln ins Meer streckt: die massige Eyre Peninsula, die stiefelförmige Yorke Peninsula und die Fleurieu-Halbinsel – blühende Landschaften allesamt. Hier wachsen Obst und Gemüse, hier wiegen sich weite Weizenfelder im Wind, hier grasen wohlgenährte Friesenkühe mit prallen Eutern, die den Rohstoff für viele geschätzte Käsesorten liefern. Auf den Halbinseln und am Ufer des Murray River wirkt South Australia wie eine riesige Farm.
»Daran waren wir nicht ganz unschuldig«, sagt Hannelore und meint damit die Deutschen, die sich bevorzugt in Südaustralien als Farmer niedergelassen haben. Auch Hannelores Ahnen sind vor mehr als hundert Jahren aus einem Nest in Norddeutschland eingewandert. Sie selbst beherrscht nur noch ein paar Brocken der Sprache ihrer Vorväter, sie wird auch von jedermann nur »Honey« genannt, weil alle über den deutschen Vornamen stolpern. Aber wenn sie mit Besuchern aus Deutschland nach Hahndorf oder ins Barossa Valley fährt, dann nimmt sie ihren »German Dress« aus dem Schrank, eine Art angedeutetes Dirndl, aber nicht so weit ausgeschnitten wie beim bayerischen Original.

Honey und das Erbe der Deutschen in South Australia

»Die Germans sind in South Australia beliebt«, leitet Honey ihre Geschichte über das segensreiche Wirken der Deutschen in der Ferne ein. Mit Europas kleinlichen nationalen Grenzen nimmt sie es dabei nicht so genau, Schweizer und Österreicher sind für Hannelore ebenso Deutsche wie die Holländer. Ihr betagter Holden, Australiens Variante eines Opel, keucht derweil die gut ausgebaute Straße zu den Adelaide Hills hinauf, nach Hahndorf sind es nur knapp 30 Kilometer. »Ihr müßt nämlich wissen, daß die Deutschen fast genauso lange in Südaustralien heimisch sind wie die Briten.«
In der Tat, bereits 1838, zwei Jahre nach den ersten Engländern, gingen die ersten 250 Lutheraner aus Schlesien in der Torrens-Mündung an Land. Sie flüchteten vor religiöser Verfolgung in ihrer Heimat: Preußenkönig Friedrich Wilhelm III. wollte sie zwingen, sich mit den Kalvinisten zu einer Kirche zu vereinigen.
Eine zweite Auswanderergruppe der Lutheraner erreichte Südaustralien 1839 an Bord der »Zebra«, die vom dänischen Kapitän Dirk Meinertz Hahn geführt wurde. Der Skipper hatte sich mit seinen

Geographisch ist Kangaroo Island eine Fortsetzung der Mount Lofty Range auf dem Festland. Nach der Entdeckung der drittgrößten Insel Australiens im Jahr 1802 diente sie amerikanischen Walfängern als Station. Heute leben die rund 4000 Einwohner von Fremdenverkehr, Landwirtschaft und Schafzucht. Die Touristen kommen vor allem wegen der einzigartigen Flora und Fauna, die sich dank der langen Isolation der Insel ungestört entwickeln konnten.

Passagieren auf der langen Reise angefreundet und führte für die – des Englischen völlig unkundigen – Deutschen die Pacht- und Kaufverhandlungen über 60 Hektar Farmland in den Adelaide Hills. Aus Dankbarkeit nannten die Siedler ihren neuen Ort Hahndorf.

Heute lebt das »deutsche Dorf« mindestens ebenso sehr vom Tourismus wie vom Ackerbau. Exotisch deutsch und fotogen ist in Hahndorf alles, von der Architektur und Bratwurst bis zum Zwetschenkuchen. Natürlich war auch Hahndorfs berühmtester Bewohner deutscher Herkunft: Der Maler Hans Heysen wurde 1877 in Hamburg geboren, er arbeitete bis zu seinem Tod 1968 in seinem Haus und dem Atelier »The Cedars« am Rand von Hahndorf. Der in Australien aufgewachsene Heysen wurde vor allem für seine Landschaftsszenen in Südaustralien gerühmt. Die Bilder hängen in allen großen Museen des Kontinents.

Barossa Valley: Australiens bekanntestes Weinbaugebiet

Wie ihre Hahndorfer Glaubensbrüder wollten auch die nächsten lutheranischen Aussiedler 1842 Obst und Gemüse hegen, als sie sich im Barossa Valley niederließen, einem sanft gewellten Tal etwa 50 Kilometer nordöstlich von Adelaide. Sie gründeten Orte wie Lobethal und Bethanien und schickten sich an, Aprikosenbäume zu pflanzen, als Hans Menge des Weges kam. Der Frankfurter Geologe riet den Neulingen in Australien, statt der Obstbäume Weinstöcke zu setzen. Die Schlesier waren naturgemäß unerfahren im Weinbau, folgten aber dennoch der Empfehlung und gründeten damals das – neben dem Hunter Valley an der Ostküste – bekannteste Weinbaugebiet Australiens. Der Name sollte an das spanische Valle de Bar Rosa in der Nähe von Cádiz erinnern, mit einem Schreibfehler ist es in die australischen Atlanten eingegangen.

Er war auch unverfänglich genug, um die antideutschen Emotionen während des Ersten Weltkriegs zu überstehen. Viele Orte mit alten deutschen Namen wurden damals jedoch umgetauft und erhielten neue englische Bezeichnungen. Hahndorf etwa hieß von 1918 bis 1935 Ambleside. Bethanien im Barossa Valley wurde dauerhaft zu Bethany anglisiert, Langmeil verwandelte sich damals in Tanunda. In welcher Sprache auch immer, die Ortsnamen haben heute unter Weinkennern einen guten Klang. Unter Kaufleuten übrigens auch: Der Weinbau ist trotz der großen Industrieanlagen rings um den Spencer-Golf und die Bergwerke im Outback einer der wichtigsten Wirtschaftszweige Südaustraliens. Und wo Wein geerntet wird, wird er auch verkostet – ideale Voraussetzungen für einen blühenden Tourismus, insbesondere, wenn auch noch das deutsche Flair hinzukommt.

Wer zwischen den traubenstrotzenden Hügeln des Barossa Valley spazierenfährt, mag kaum glauben, daß South Australia der trockenste unter den sieben Bundesstaaten ist. Um das zu erkennen, muß man von der Eyre-Halbinsel nach Westen reisen, in die fast strauchlose Nullarbor-Wüste (s. auch Seite 86), oder nach Norden in das scheinbar endlose Landesinnere mit seinen riesigen ausgetrockneten Salzseen, heißen roten Felsen und sandigen Ebenen – eine unwirtliche, oft sogar extrem lebensfeindliche Landschaft. Und dennoch zogen schon im 19. Jahrhundert, wenige Jahrzehnte nach Gründung der ersten Siedlungen am Rand des Kontinents, furchtlose Männer ins Landesinnere, auf der Suche nach Gold.

Gold und Opale aus dem unwirtlichen Norden

Während die Kolonien im Osten schon bald Funde des wertvollen Metalls melden konnten, stießen die Digger in South Australia damals auf Vorkommen mit anderen, weniger wertvollen Erzen. Deshalb drangen die Goldsucher immer tiefer vor in die Wildnis, vor allem, nachdem auch im Westen Australiens Gold entdeckt worden war. Um 1890 waren die Schürfer tief im südaustralischen Outback auf Quarzriffe gestoßen, ein Gestein, in dem oft Gold zu finden ist.

Wo beginnt das Outback? Die Frage wird fast jeder Australier anders beantworten. Für den einen beginnt die mythische Steppe und Wüste knapp hinter dem eigenen Gartenzaun. Die anderen sehen im Buschland eine Art Pufferzone: kein Garten mehr, aber auch noch nicht die totale Wildnis. Für die Mehrheit sind die Flinders Ranges schon Outback. Allerdings ein besonders schöner Teil dieser Wildnis, der von einem guten Wanderwegenetz durchzogen wird.

Blick vom Lookout in den Wilpena Pound

Der historische Ort Quorn hat sein altes Stadtbild bewahren können

Seppeltsfield gehört zu den traditionsreichsten Weinbauorten im Barossa Valley

Wilpena-Pound-Campingplatz (unten)

Wanderung durch den Wilpena Pound, ein natürliches, von einem Felswall gebildetes »Amphitheater«

Nach einem Gewitter am Stuart Highway: der Himmel als Bühne

Mehr als 20 Jahre später stellte ein Geschäftsmann in Adelaide ein Syndikat zusammen, das eine Goldsucher-Expedition ausrüstete. Als deren Leiter wurde Jim Hutchinson angestellt, ein erfahrener Goldsucher. Im Dezember 1914 brach die Gruppe auf, doch die Expedition war ein Fehlschlag. Ohne Gold machten sich die Männer wieder auf den Rückweg. Nahe der Stuart Range schlugen die Teilnehmer Ende Januar an einem ausge-

Zimmer im »Underground Motel«

trockneten Wasserloch ihre Zelte auf und schwärmten noch einmal aus, um Gold und Wasser zu suchen. Auch Willie Hutchinson, den 14jährigen Sohn des Expeditionsleiters, hielt es nicht im Camp. Er ging ebenfalls auf die Suche nach Wasser – und kam zurück mit Opalen. Der Junge hatte das reichste Opalfeld der Welt entdeckt.

Binnen weniger Monate zogen Dutzende von Edelsteinsuchern auf das Opalfeld. 1920 trafen sich die Opalsucher und berieten, wie sie ihr Lager, das allmählich zu einer Siedlung geworden war, denn eigentlich nennen sollten. Unter den Vorschlägen fand der Aboriginesname Kupa Piti, übersetzt: »Weißer Mann im Erdloch«, die meisten Anhänger.

In Coober Pedy setzen mittlerweile Hunderte von Menschen aller Hautfarben ihre Hoffnungen auf solche Erdlöcher, die nun Spezialmaschinen in den Kalksteinboden bohren. Tausende solcher kreisrunder Löcher perforieren mittlerweile das Land um die kleine Stadt, bei jedem zeugt ein weißlichgrauer Aushubhügel von der Suche nach dem begehrten »Feuerstein«. Coober Pedy liegt

Immer angenehm temperiert: die Höhlenwohnung von »Crocodile Harry« in Coober Pedy

Automobiler Schrebergarten vom Coober-Pedy-Original »Crocodile Harry«

Wenn es um Opale geht, hält Australien alle Weltrekorde. Der größte Stein, der bislang gefunden wurde, kam in Andamooka ans Tageslicht. Der »Desert Flame« hatte ein Gewicht von 34 215 Karat, also 6,8 Kilogramm. Wesentlich kleiner ist der größte schwarze Opal mit etwa 2340 Karat (468 g). Fast alle schwarzen Opale kommen aus Lightning Ridge im Outback von New South Wales. Die meisten weißen Opale kommen hingegen aus Coober Pedy, das zugleich den Mengenweltrekord hält.

Antony ist Polizist und Touristenführer und bohrt in seinem Claim nach Opalen

Antony und Partner am Einstieg zur Mine

Viel Staub und Opale: Coober Pedy (unten)

inmitten einer bizarren Mondlandschaft, die immer noch Glücksritter aus aller Welt anzieht. Bei der Opalsuche hat nämlich jedermann dieselbe Chance, die funkelnden Quarzschichten können überall im Erdreich sein. Erfolgreiche Claims sind allerdings leicht auszumachen unter den unzähligen aufgegebenen Bohrlöchern: Wer Opale gefunden hat, schläft an seinem Bohrloch.

Wie lebt man in einer wasserlosen Wüste, in der 45 Grad Hitze im Sommer keine Ausnahme sind? Man sorgt für Wassernachschub, einst mit Kamelkarawanen, heute über eine Pipeline. Und man ordert kaltes Bier: Coober Pedys erstes ordentliches Gebäude war eine Kneipe. Jeder sucht Schatten, wo immer es geht. Am besten in der Erde, zumal der Untergrund konstante Temperaturen um 23 Grad garantiert, während im Winter die Quecksilbersäule draußen durchaus einmal bis nahe null Grad absinken kann. So entstanden aus schlichten Lagerhöhlen im Lauf der Jahre komfortable Wohnungen. Inzwischen haben Kirchen und Hotels, eine Buchhandlung, ein Café und ein Restaurant in Höhlen Platz gefunden.

Coober Pedy: Legenden aus der Stadt der Digger

Aber im Zeitalter der Klimaanlagen ist das kein Problem mehr, so entstehen immer mehr und immer größere konventionelle Gebäude. »Coober Pedy wird stinknormal«, klagt der Oldtimer-Bill am Tresen des »Opal Inn« und ordert für die Fremden aus dem fernen Germany zwei frische Bier. »Und Typen wie Iron Man, Wappen-Steve oder Sixty-Feet-Jimmy kennt hier kaum noch einer!« Es wurde ein langer Abend, mit Geschichten vom eisernen Jim Shaw, der seine Schubkarre 150 Meilen durch die Wüste gestoßen hatte, um Opale zu suchen. Mit der Story von Steve Matusiac, der an einem Hügel ein riesiges australisches Wappen mit leeren Bierflaschen bilden wollte, aber sein Werk nicht vollenden konnte. Schließlich Jimmy Ledgard, der im Alter von 77 Jahren in ein 60 Fuß tiefes Opalloch fiel, erst nach sechs Tagen ohne Wasser und Essen gefunden wurde und dennoch überlebte. Und was geschah eigentlich mit Willie Hutchinson, der Wasser gesucht und Opale gefunden hatte? »Der ist ein paar Jahre später beim Schwimmen ertrunken.«

Adelaide Hills

Karte: Seite 112/113, Planquadrat F 6.
Hauptort ist Hahndorf, das touristisch stark auf seine deutschen Traditionen setzt. Am Rand des Ortes kann man das Haus und das Studio des Malers Hans Heysen besuchen (Sa geschl.).
Beliebte Ausflugsgebiete sind zudem der historische Weinort Clarendon, das seine schottische Tradition betonende Strathalbyn und Birdwood, dessen Museum die größte Sammlung an Auto-Oldtimern Australiens präsentiert (tgl. 9–17 Uhr).
Information: Adelaide Hills Information Centre, Main St, Tel. 08/83 88 11 85, www.visitadelaidehills.com.au.

Kangaroo Island

Karte: Seite 112/113, Planquadrat F 5/6.
Die Hauptorte auf Australiens drittgrößter Insel (4350 qkm) sind Kingscote und Penneshaw. Kangaroo Island ist wegen seines Tierlebens, seiner Landschaft und Strände als Urlaubsziel beliebt.
Anreise: Es gibt Flugverbindungen von Adelaide. Die meistbenutzte Anreiseroute führt von Adelaide zum Cape Jervis, um von dort mit der Fähre überzusetzen (1 Std. Überfahrt). Es gibt Busverbindungen von Adelaide zur Fähre.
Unterkunft: »Wanderers Rest«: luxuriöses Guesthouse (Bayview Rd, American River, Tel. 08/85 53 71 40); »Muggleton-Mole Bed & Brekfast« (Penneshaw, Tel. 08/84 83 10 30).
Sehenswürdigkeiten: Die Hauptattraktionen sind der Flinders Chase N. P. im Westen sowie die Seal Bay im Süden. An dieser Bucht leben viele Seelöwen, zwischen denen man unter Führung von Rangern hindurchspazieren kann. Nahe der Bucht befinden sich in der »Little Sahara« imposante weiße Sanddünen.
Information: Tourist Office, Howard Drive, Penneshaw, Tel. 08/85 53 11 85, www.tourkangarooisland.com.au.

Barossa Valley

Karte: Seite 112/113, Planquadrat F 6.
Rund 400 Weinbauern ernten jährlich etwa 55 000 Tonnen Trauben, die in über 40 Weingütern verarbeitet werden.
Anreise: Das Barossa Valley liegt etwa 50 km nordöstlich von Adelaide. Bei Gawler biegt man vom Highway 20/32 in Richtung des Hauptortes im Tal, Tanunda, ab. Von Adelaide aus gibt es eine Busverbindung und verschiedene organisierte Touren in das Tal. Diese sind zu empfehlen, wenn man Weine verkosten, aber nicht im Tal übernachten will.
Sehenswürdigkeiten: Die meisten Weingüter laden Besucher ein zu kostenlosen Weinproben. In Tanunda gibt es das Barossa Valley Historical Museum (47 Murray St; tgl. 9–17 Uhr) und zwei lutheranische Kirchen (1849/1868). Zu den traditionsreichsten Kellereien gehören die Seppeltsfield Winery und die Yalumba Winery (Angaston), beide tgl. geöffnet.
Information: Visitors Centre, Tanunda, 66 Murray St, Tel. 08/85 63 06 00, www.barossa-region.org.

Flinders Ranges

Karte: Seite 112/113, Planquadrat E 6.
Die Flinders Ranges markieren den Übergang zum Outback.
Anreise: Am schnellsten erreicht man die Flinders Ranges über die Straße 1 bis kurz vor Port Augusta, wo die Straße 47 nach Quorn abbiegt. Dann geht es weiter über Hawker zum Wilpena Pound.
Unterkunft: »Wilpena Pound Holliday Resort« (Tel. 08/86 48 00 08) mit angeschlossenem Campingplatz.
Sehenswürdigkeiten: Melrose, Wilmington und Quorn sind historische Städtchen, Quorn war auch eine wichtige Eisenbahnstation. An dem alten Bahnhof fährt heute nur noch die touristische, dampfbetriebene Pichi-Richi-Bahn ab. Den einzigen Zugang zum Kessel des Wilpena Pound (80 qkm), den bis zu 1000 m hohe Berge umschließen, bildet ein Wanderpfad von »Wilpena Pound Resort« nahe Sliding Rock.

Koala im Flinders Chase National Park

In Port Augusta, dem »Tor zum Outback«, informieren Touristenbüro und Wadlata Outback Centre über die Wildnis. Am Beginn des Stuart Highway liegt der Australian Arid Lands Botanical Garden, der die vielfältige Pflanzenwelt im trockenen Landesinneren vorstellt.
Information: Port Augusta Tourist Information/Wadlata Outback Centre, 41 Flinders Terrace, Tel. 08/86 41 07 93, www.flindersoutback.com.

Woomera, Andamooka

Karte: Seite 112/113, Planquadrat E 5.
Die Stadt Woomera war das Zentrum eines Raketentestgeländes und deshalb lange Zeit für Touristen gesperrt. Roxby Downs ist eine Minenstadt, Andamooka eine Opalgräber-Siedlung mit reichlich Pioniercharakter.
Anreise: Auf dem Stuart Highway bis zum Roadhouse Pimba, von dort bis Woomera. Die Straße führt asphaltiert weiter bis Roxby Downs (»Motor Inn«, beste Unterkunft der Region) und Andamooka.
Sehenswürdigkeiten: Woomeras Heritage Centre (tgl. März–Nov.) ist ein kleines Museum zur Heimatgeschichte und zu den Raketenversuchen. Vor dem Museum sind verschiedene Raketen und Fluggeräte ausgestellt. In Roxby Downs kann die Olympic Dam Mine (Kupfer, andere Erze) besichtigt werden. Andamooka ist ein staubiges Nest, in dem noch urtümlich nach Opalen gesucht wird.

Coober Pedy

Karte: Seite 112/113, Planquadrat E 5.
Die bekannteste weltgrößte Fundstelle von Opalen ist inzwischen zu einem Touristenziel eigener Art geworden.
Anreise: Coober Pedy ist via Stuart Highway von Port Augusta 268 km entfernt, Roadhouses in Pimba und Glendambo.
Sehenswürdigkeiten: Da es verboten und wegen der vielen ungesicherten Bohrlöcher auch gefährlich ist, die privaten Opal-Claims zu betreten, empfiehlt sich eine der organisierten Touren über die Opalfelder. Dabei sind meist auch Besichtigungen der Höhlenwohnungen, -kirchen etc. eingeschlossen.
Unterkunft: Höhlenhotels gibt es in mehreren Preisklassen. »Mittelklasse« ist das »Underground Motel« (Catacomb Rd, Tel. 08/86 72 53 24).
Information: Information Office, Hutchinson St, Tel 08/86 72 52 98.

Remarkable Rocks – ein Kunstwerk der Natur

Aus der Luft ist die ovale Form des Wilpena Pound besonders gut zu erkennen

Gewitterstimmung über dem Outback am Stuart Highway

Kunst in »Crocodile Harrys« Höhle

Wer vom Northern Territory aus nach South Australia einreist, fährt stundenlang durch öde Steinwüsten und vorbei an weißglitzernden, toten Salzseen. Hier zeigt sich der trockenste Staat Australiens von seiner unwirtlichsten Seite, eine Einöde, die schon wieder grandiose Züge trägt. Weiter südlich ändert sich das Bild: Weite Rebenhänge, grüne Weiden und wogende Getreidefelder zeigen das andere, von ausländischen Touristen bisher unentdeckt gebliebene Südaustralien.

Das deutsche Erbe ist in Tanunda im Barossa Valley unübersehbar

PERTH

»Sunshine City« am Ende der Welt

Am Rand des Kontinents, 2720 Kilometer von der nächsten Großstadt entfernt, liegt Perth. Die Rohstoffvorräte des Landes haben die Metropole reich gemacht. Aber Perth hat seinen lässigen Lebensstil behalten. Vielleicht liegt das an dem milden, sonnigen Klima. Beim Aufstieg der Stadt wurde viel Historisches zerstört, inzwischen hat man den Wert der Vergangenheit erkannt (Foto: York).

Metropole unter Palmen: Vom Kings Park her wirkt die westaustralische Hauptstadt Perth wie ein Mini-Manhattan am Indischen Ozean

Die Hay Street Mall war schon vor dem Bau der Hochhäuser das Zentrum der Stadt

Auf der Hay Street Mall (unten)

Alt und Neu sind eng beisammen in Perth

Perth nennt sich auch »City of Lights«

Treffpunkt Hay Street vor His Majesty's Theatre

Die Anerkennung kam von allerhöchster Stelle, direkt aus dem Weltall. Als der amerikanische Astronaut John Glenn 1962 um die Erde kreiste, entboten ihm die Bürger von Perth einen speziellen Gruß: Sie ließen während einer Nacht alle öffentlichen und fast alle privaten Lampen brennen. Glenn konnte bei jeder Weltraum-Runde die einsame Großstadt an der australischen Westküste gut erkennen. Er dankte Perth freundlich und spendete Lob für diese nette Geste. Seither nennt sich die Millionenstadt am Indischen Ozean gerne »City of Lights«.

Perth: »Stadt der Lichter«, »isolierteste Hauptstadt der Welt«

Das ist auch der Titel eines Gedichts, mit dem sich der westaustralische Poet Griffith Watkins über den provinziellen Streit vor dieser lichtvollen Nacht und den heftigen Stolz der Bürger nach dem Echo aus dem All lustig machte: »Die Zeitungen sorgten für reichlich Trubel, und wir sanften Heuchler änderten sofort unsere Meinung über das, was zuvor noch als üppige Geldverschwendung gegolten hatte. Nun waren wir stolz darauf, als »City of Lights« bezeichnet zu werden. Jetzt würden wir natürlich am liebsten die Lichter jede Nacht brennen lassen.«
»Stadt der Lichter« ist nur ein weiterer Titel für die Hauptstadt von Western Australia, die sich auch als »isolierteste Hauptstadt der Welt« bezeichnet. Zu Recht, denn vom Rest Australiens ist die Stadt durch eine schier endlose Wüste getrennt. Nach Sydney sind es auf dem Landweg 4336 Kilometer, nach Adelaide, der nächstgelegenen Großstadt, 2720 Kilometer. Jakarta, Indonesiens Kapitale, ist näher als Canberra. Zudem gibt es in Western Australia keine andere Stadt von nur einigermaßen vergleichbarer Größe: Von den knapp 1,8 Millionen Menschen in diesem Bundesstaat leben rund 1,38 Millionen in Perth.
Diese Isolation ließen Perth und Western Australia zur Wende vom 19. zum 20. Jahrhundert auch lange zögern, dem australischen Bund beizutreten. Hätte der Osten nicht eine durchgehende Eisenbahnlinie versprochen und wären nicht die vielen Minenarbeiter aus dem Osten gewesen, hätte sich Perth vielleicht doch für eine Trennung von »denen im Osten« ausgesprochen. Und seither ist in Perth – und im gesamten Westen – immer noch ein Hauch von Trennungsgelüsten zu verspüren.
Vielleicht liegt es auch an dieser geographisch einzigartigen Lage, daß die nach einer Kleinstadt in Schottland benannte westaustralische Hauptstadt sich von den anderen australischen Millionenstädten so grundsätzlich unterscheidet. Perth wirkt trotz seiner Größe und seiner Mini-Manhattan-Kulisse wie ein überdimensionierter Kurort. Nur selten sieht man einen Passanten eiligen Schrittes durch das Zentrum der Stadt hasten. In Perth schlendert man und hat, wie es scheint, immer Zeit für ein kurzes oder längeres Schwätzchen. In der Mittagspause wird die Fußgängerzone in der Hay Street zu einem langgestreckten Picknickplatz: Aus allen Büros strömen die Angestellten in die Sonne und packen ihren Lunch aus. Im Park am Flußufer sind die meisten Bänke besetzt, etwa jeder dritte studiert den »West-Australian«, die lokale Tageszeitung.

»Eine Stadt im Übergang, die nicht weiß, wohin es geht, die aber schnell vorwärts schreitet.« So beschrieb vor 30 Jahren der Schriftsteller Craig McGregor die Millionenstadt im Westen. Seine Einschätzung hat heute noch Gültigkeit, denn Perth lebt mit den Preisen für Erz und andere Bodenschätze. Wenn die Marktpreise nachhaltig steigen, wachsen auch neue Wolkenkratzer in die Höhe, wenn die Preise fallen, bleiben die Baustellen menschenleer.

Gemütliche Metropole mit angenehmem Klima

Selbst auf dem Asphalt geht es recht zivilisiert zu, selten prescht einmal ein Autofahrer mit Tempo über die gut ausgebauten Straßen. Selbst die Inline-Skater, die andernorts durch die Parks rasen, als seien sie gehetzt, wirken hier wie auf einer gemütlichen Spazierfahrt. In Perth hat man eben Zeit.
Das mag auch an der Beschaulichkeit signalisierenden Lage am seeartig erweiterten Swan River liegen. Oder an dem meist guten Wetter, das Perth einen weiteren Titel beschert hat – es ist die »Stadt mit den meisten Sonnenstunden«. Und das will in Australien wirklich etwas heißen. Auch die Temperaturen sind erträglich. Im Winter sinken sie selten unter 15 Grad. Und wenn es im Sommer zu heiß wird, zieht nachmittags der »Fre-

mantle Doctor« auf, ein kühlender Wind vom Indischen Ozean. Perth trägt folglich auch den Titel »Großstadt mit dem besten Klima Australiens«.

Die Lässigkeit des Seins, die Perth so angenehm macht, hat die Stadt aber auch vieler historischer Zeugnisse beraubt. Nachdem in den sechziger Jahren riesige Rohstoffvorräte – Eisenerz, Bauxit, Nickel, Diamanten, Erdöl und Erdgas – entdeckt worden waren, kam Perth zu neuem Wohlstand und vollzog binnen weniger Jahre den Aufstieg von der Provinzstadt zur Metropole. Viele schöne viktorianische Bauwerke fielen dem Bodenschatzboom der siebziger und achtziger Jahre zum Opfer.

Deshalb wirkt die Innenstadt von Perth heute recht unharmonisch. Erhaltene Verwaltungsgebäude und kirchliche Bauten mit dem viktorianischen Zierat und Charme des 19. Jahrhunderts stehen eingekeilt zwischen Bürotürmen, attraktive alte Bausubstanz wird unvermittelt von Stahl und Spiegelglas überragt. Inzwischen reagiert die Stadt viel sensibler auf Abriß- und Neubaupläne. »Historische Stadtrundgänge« gehören mittlerweile zu den beliebtesten Besichtigungstouren. So gab es denn auch kaum Diskussionen, als Mitte der neunziger Jahre His Majesty's Theatre – als schnörkelreiches Schmuckstück 1904 im Goldrausch von Western Australia entstanden – mit Millionenaufwand restauriert wurde.

Fremantle: Hafenstädtchen mit mediterranem Flair

Der Hafen der Hauptstadt, Fremantle, wurde von den negativen Folgen des Booms verschont. Zum America's Cup 1987 wurde das 20 Kilometer flußabwärts an der Mündung des Swan River gelegene, damals etwas verkommen wirkende Hafenstädtchen mit Millionenaufwand und viel architektonischem Feingefühl aufpoliert. Neue Restaurants, Kneipen und Boutiquen eröffneten, Künstler und Galerien zogen hierher, Museen wurden ausgebaut. Das Ergebnis ist eine lebendige Hafenstadt mit mediterranem Flair und historischem Charakter.

Weitgehend unangetastet ließ Perth – bei aller Bauwut – auch immer sein größtes Juwel, den Kings Park unmittelbar bei der Innenstadt. Die Basis für dieses Naherholungsgebiet schuf bereits 1872 ein Privatmann, der Perth 175 Hektar Land schenkte. Heute ist der Park rings um den

Fremantle: Im Pub »Sail & Anchor«

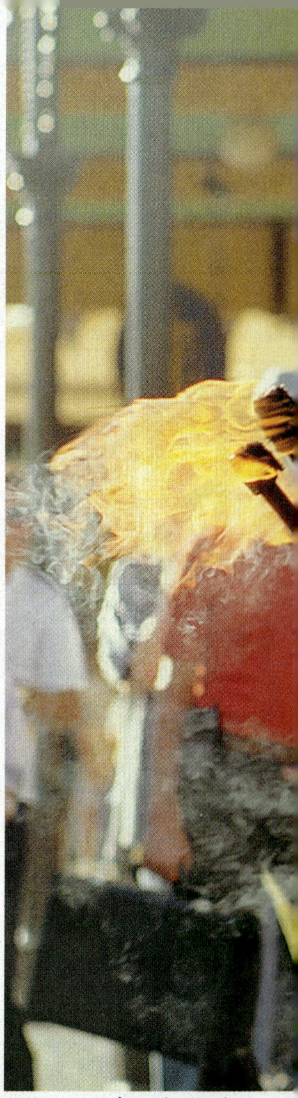

Auf der South Terrace gibt es immer etwas zu sehen (unten)

Hafenstadt mit Charme: Jongleur auf der South Terrace in Fremantle

Mount Eliza 404 Hektar groß und besteht zum Teil noch aus Buschland.
In den sechziger Jahren kam ein Botanischer Garten hinzu, der über 1200 westaustralische Pflanzenarten beherbergt. Für die Mehrheit der Bürger schien dies eine passende Ergänzung der Wildnis zu sein. Ähnlich verhielt es sich mit diversen Denkmälern und einem außergewöhnlichen Aussichtsturm: Er ist mit zwei gegeneinander verlaufenden Wendeltreppen dem DNA-Molekül nachempfunden, dem Träger des Erbgutes. Der Turm soll daran erinnern, daß der Kings Park auch wissenschaftlichen Zwecken dient. So wurden hier beispielsweise erstmals in der Welt DNA-Moleküle dazu benutzt, vom Aussterben bedrohte Pflanzenarten nachzuzüchten. In einem Fall, einem Buschwerk, gab es weltweit nur noch eine Pflanze. Aus ihr wurden neue Samen gezüchtet, die wieder in der Wildnis ausgesetzt werden konnten – ein erfolgreiches Experiment.

York: Jazz-Festival in der »Mill Gallery«

Frühlingspracht im »Wildflower State«

Berühmter noch ist der Park, den die Bürger als »Seele der Stadt« preisen und vor allem am Wochenende als weitläufigen Picknickplatz benutzen, wegen seiner Wildblumenpracht. Im Frühling, im September und Oktober, birst er geradezu von Blüten aller Art und Farben. In diesen Monaten ist der Kings Park die würdige Zier einer Hauptstadt, deren Staat zu Recht den Namen »Wildflower State« trägt.

Die South Terrace ist die Straße zum Bummeln, Sehen und Gesehenwerden

Zur Verteidigung des America's Cup, den 1983 zum ersten Mal seit 132 Jahren ein Nicht-Amerikaner, nämlich der westaustralische Multimillionär Alan Bond, gewonnen hatte, wurde Fremantle gründlich renoviert. In der Hafenstadt 20 Kilometer südwestlich von Perth an der Mündung des Swan River eröffneten neue Straßencafés und Boutiquen, Restaurants und Pubs, interessante Museen und Galerien. Das Zentrum der Vergnügungssuchenden in Fremantle ist die South Terrace. Schon vor der großen Stadtrenovierung kamen die Menschen aus Perth gern hierher – am liebsten mit einem der Flußschiffe, die regelmäßig vom Barrack Street Jetty im Herzen der Hauptstadt ablegen.

Für den America's Cup 1987 wurde das historische Fremantle renoviert

Karte: Seite 112/113, Planquadrat E 2.

REISE-INFO
PERTH

Die Hauptstadt von Western Australia (1,38 Mio. Einw.) liegt mit ihrer Hafenvorstadt Fremantle am indischen Ozean.

Anreise: Wegen der isolierten Lage der Stadt reisen die meisten Besucher per Flugzeug an. Es gibt tägliche Direktverbindungen aus allen australischen Großstädten. Der Flug von Sydney nach Perth dauert fast vier Stunden. Perth bietet auch direkte Flugverbindungen in verschiedene asiatische Metropolen. So kann man beispielsweise nach einem Flug aus Europa in Singapur oder Bangkok in einen zeitlich abgestimmten Anschlußflug nach Perth umsteigen. Vom Flughafen Perth kann man mit kleinen Maschinen auch zur Ferieninsel Rottnest Island fliegen. Am Flughafen gibt es einen Airport Bus, der preisgünstig die Hotels in der City ansteuert.
Auf dem Landweg ist Perth über die ganz Australien umrundende Straße 1 zu erreichen, beispielsweise von Port Augusta aus über den Eyre Highway oder von Darwin aus über den Victoria und den Northern Highway. Perth ist auch die Endstation der transkontinentalen Eisenbahnlinie von Sydney und Adelaide. Der »Indian-Pacific« benötigt für die Kontinentdurchquerung rund 65 Stunden.

Öffentliche Verkehrsmittel: Perth hat ein kleines Netz von Nahverkehrsbahnen, die beispielsweise eine schnelle Verbindung nach Fremantle bieten. Eine Bahnlinie verbindet Perth mit dem Wirtschaftszentrum und Seebad Bunbury im Süden. In der Stadt verkehren mehrere Buslinien. Tagsüber rollen werktags die Gratisbusse des City Clipper auf fünf verschiedenen Routen im 20-Minuten-Rhythmus durch die Innenstadt. Vom Barrack St Jetty pendeln Fährboote zur Südseite des Swan River. An der Pier legen auch die Boote nach Rottnest Island ab, die zugleich eine Fahrt über den Unterlauf des Swan River bieten. Schneller sind die Fähren von Fremantle zu der vorgelagerten Urlaubsinsel.

Unterkunft: Citynah ist das »Parmelia Hilton« (14 Mill St, Tel. 08/92 15 20 00). Das gute »Hyatt Regency« (92 Adelaide Terr., Tel. 08/92 25 12 34) liegt ruhig am Fluß abseits der City. Preiswert und zentral ist das »Billabong Backpackers Resort« (Tel. 08/93 28 77 20).
Ebenso wie Perth bietet auch Fremantle eine breite Palette von Unterkünften an, vom First-Class-Hotel »Fremantle Esplanade« (Marine Terrace, Tel. 08/94 32 40 00) bis zu »Fremantle Homestays« (Tel. 08/93 36 48 64), das Bed & Breakfast in Privathäusern vermittelt. Auf Rottnest Island gibt es zwei Komforthotels, eine Jugendherberge und Ferienhäuser.

Sehenswürdigkeiten: Die Hauptattraktion der Stadt ist der citynahe, aber dennoch ausgedehnte Kings Park (Stadtplan, Planquadrat A 2), in den auch ein Botanischer Garten integriert ist. In der Stadt gibt es zwischen modernen Geschäftsbauten eine Reihe historischer Gebäude aus dem 19. Jh.: Zu den bekanntesten gehören das Government House (B 2; George's Terrace), die Perth Town Hall (B 2; Hay St) und His Majesty's Theatre von 1904 (B 1; Hay St). Ein neues Wahrzeichen der Stadt ist der Glockenturm The Swan Bells. Dort kann man Mo, Di, Do um 12 und 13, Sa/So um 12 und 14 Uhr nachgebildete Glocken aus der Londoner Kirche St.Martin-in-the-Fields hören (Barrack Square Riverside Drive, Besichtigung tgl. 10–16.30 Uhr).

Museen: Zu den zahlreichen Museen in und bei Perth gehört das Western Australian Museum (B 1; Francis St; tgl. 9 bis 17 Uhr). Zu seiner vielfältigen Sammlung gehören Kultartikel der Aborigines ebenso wie Autoveteranen oder Meteore, die in Western Australia eingeschlagen sind.
Die Art Gallery of Western Australia (B 1; James St) bietet einen guten Überblick über die Malerei in dem Bundesstaat, hat aber auch viele Werke der klassischen europäischen Kunst.
Im Norden von Perth offeriert die »Underwater World« (Hillary's Boat Harbour, West Coast Drive, tgl. 9–17 Uhr) einen gläsernen Gang durch ein großes Aquarium, in dem unter anderem Haie ihre Bahn ziehen. Den Zoo von Perth (Labouchere Rd, tgl. 9–17 Uhr) erreicht man mit Bus und Auto, aber auch per Fähre über den Swan River. In dem Tiergarten kann man alle australischen Tierarten kennenlernen.

Ausflüge: Der historische Hafenort Fremantle liegt 20 km stromab. Zu den geschichtlichen Bauten gehören das (achteckige) Round House, ein 1831 erbautes kleines Gefängnis, der noch heute genutzte Fremantle Market von 1892 und das ähnlich alte Fremantle Prison.
Auch die beiden bedeutendsten Museen der Stadt entstanden in Häusern, die Mitte des 19. Jh. errichtet wurden: Das Fremantle Museum & Arts Centre stellt die reiche Geschichte der Stadt dar, das Maritime Museum birgt unter anderem das gehobene Wrack der »Batavia«, die 1629 vor der Küste von Western Australia Schiffbruch erlitt (beide Museen tgl. 9.30–17 Uhr).
Nördlich und südlich von Fremantle erstrecken sich schöne Badestrände. Baden kann man auch auf der vorgelagerten Insel Rottnest. An den Küsten der Insel weisen Schilder auf Schiffe hin, die vor der Küste auf Grund gelaufen und untergegangen sind. Einige liegen in flachen Gewässern und sind deshalb auch für Schnorchler interessante Ziele.
Zu den langen Tagesausflügen gehören organisierte Touren zu den Pinnacles (siehe Seite 4/5 und 87) und zum Wave Rock bei Hyden, einem wie eine riesige Welle geformten Felsen am Rand des Outbacks (siehe Seite 86).

Ausgehen: Der Stadtteil Northbridge, nördlich der City und der Bahngleise gelegen, ist das bekannteste Restaurant- und Ausgehviertel von Perth. Die »Hauptstraße« ist die William St (B 1/2). In diesem Viertel befinden sich auch die meisten Pubs mit Live-Musik. In den letzten Jahren hat sich auch Subiaco – das Quartier westlich der Innenstadt – zu einem populären Restaurantrevier entwickelt.

Information: Perth: Western Austalia Tourist Centre, Forrest Place beim Hauptbahnhof (tgl. außer So), Tel. 08/94 83 11 11 oder 13 00/36 13 51 (gebührenfrei in Australien), www.westernaustralia.com. Fremantle: Town Hall Shop, Kings Square, Tel. 08/94 31 78 78, www.fremantlewesternaustralia.com.

Perth wurde 1829 von Charles Fremantle gegründet

Die Hügellandschaft der Darling Ranges östlich von Perth ist eines der beliebtesten Wohngebiete im Umland der Hauptstadt

Delphinfütterung in der »Underwater World«

Das idyllische Tal des Avon River steht teilweise unter Naturschutz

Das Wrack der »Batavia« in Fremantle

Das Prachtstück des Maritime Museum in Fremantle ist die »Batavia«, die 1629 sank und vor einigen Jahren geborgen werden konnte. Nachdem sich die Seeleute der »Batavia« auf eine Insel hatten retten können, brachen Kapitän Pelsaert und die Offiziere mit dem Beiboot auf, um Hilfe zu holen. Als er zurückkehrte, fand er nur wenige Überlebende: Meuterer hatten die meisten Mannschaftsgefährten umgebracht. Nur eine kleine Gruppe konnte in zwei Forts überleben. Die Meuterer wurden später gehängt.

Spaziergang durch das Meer: Die »Underwater World« macht's möglich

Lange galt der Westen als unbewohnbar, wirtschaftlich uninteressant und taugte allenfalls als Schafweide (Fotos: Giralia Station). Western Australia war das Aschenputtel. Dann fand man in der Wüste Gold, später weitere Bodenschätze. Das Land schaffte den Aufstieg, wurde aber vom Tourismus übersehen, obwohl es vielfältige Landschaftsformen und 12 000 Kilometer Küste bietet.

WESTERN AUSTRALIA

Die arme »Cinderella Colony«

Kalgoorlie: Touristenmine »Hannan's North«

Denkmal für den Goldsucher Paddy Hannan

Die Goldminen rings um Kalgoorlie gehörten zwar zu den reichsten der Welt, aber niemals wurde dort einer der großen Goldbrocken gefunden, die international Schlagzeilen machten. Der größte Brocken war der Holtermann-Nugget, der 1872 in New South Wales entdeckt wurde. Er wog 258,8 Kilo, beim Schmelzen blieben 99,8 Kilo reines Gold übrig. Auch die anderen Rekordnuggets des 19. Jahrhunderts wurden eingeschmolzen. Erst in jüngster Zeit werden die dicken Brocken verkauft: Der 10,7 Kilo schwere Maitland Bar (Goldgewicht 8,87 Kilo) ist der größte Nugget in Australien und im Earth Exchange Museum in Sydney zu besichtigen.

In Hannan's North Tourist Mine kann man das Goldwaschen üben

Ein eiskaltes Bier am Tresen des »Exchange Hotel« tut gut bei der Hitze

Gwalia ist wirklich kein Ort, den man kennen muß. Vor hundert Jahren war das noch anders. Damals kannte jeder, der zwischen Alaska und Australien auf der Suche nach Gold war, das Nest tief im Outback von Western Australia. Seine Mine, poetisch »Sons of Gwalia« genannt, war eine der goldreichsten im Land. Bis 1963 produzierte sie noch das gleißende Metall, mit ihr starb der Ort. Heute ist Gwalia eine Geisterstadt. Nur das kleine Museum im einstigen Minenbüro erinnert noch an jene glanzvollen Tage, als in der Stadt Australiens erste elektrische Tram rollte und erfolgreiche Goldsucher im Pub ihre Zigarren mit Fünf-Pfund-Noten anzündeten.

Das Gold aus der Wüste rettete Western Australia vor dem Konkurs

Das Gold von Gwalia ist abgetragen. Aber Gold hat für den Staat im Westen bis heute nichts von seiner Faszination verloren, auch wenn Western Australia längst von Eisenerz, Kupfer, Nickel und Erdgas lebt. Gold hat Westaustralien überhaupt erst »auf die Landkarte gebracht«, war doch der »Cinderella Colony« – der armen Schwester der wirtschaftlich besser gestellten Kolonien an der Ostküste – vor den Goldfunden in der unwirtlichen Wüste wirklich ein Aschenputtel-Dasein beschieden.

Superpit-Tagebaumine in Boulder (unten)

Kalgoorlie: »Exchange Hotel« (unten)

Der Westen galt als unbewohnbar und als wirtschaftlich uninteressant. Das hatten schon die niederländischen Navigatoren berichtet, die von ihrer Kolonie im heutigen Indonesien bereits Anfang des 17. Jahrhunderts die westaustralische Küste erkundet hatten. Deshalb dauerte es auch noch mehr als zwei Jahrhunderte, ehe Kapitän Fremantle 1829 offiziell alle australischen Gebiete außerhalb von New South Wales für die »Swan River Colony« annektierte.

Damals erstreckte sich New South Wales noch bis an die heutige Westgrenze von South Australia und Northern Territory. Das erklärt die enorme Größe von Western Australia: mehr als 2,5 Millionen Quadratkilometer, knapp ein Drittel des Kontinents. Der Bundesstaat ist mehr als siebenmal so groß wie Deutschland. Aber Größe allein ist nicht von Vorteil, wenn der Boden schlechte Ernten trägt – erst moderne Düngetechnik machten aus dem Südwesten eine der Kornkammern Australiens.

Hätte nicht das Mutterland 1850 seine Häftlinge – und damit billige Arbeitskräfte – geschickt, hätte die junge Kolonie wahrscheinlich Konkurs anmelden müssen. Und das zu einem Zeitpunkt, da New South Wales schon seit zehn Jahren auf Strafgefangene verzichtete. Dank der Sträflinge erhielt die Swan River Colony zwar eine gute Infrastruktur, aber der Westen blieb doch das Armenhaus des Landes.

Daran änderten auch einige mäßig ertragreiche Goldfunde nichts, obwohl sie ein paar tausend Männer in den menschenleeren Westen lockten. Paddy Hannan war einer von ihnen, ein Ire, der schon in Neuseeland und im Osten Australiens nach dem schimmernden Edelmetall gesucht hatte. Damals, 1892, hatten gerade zwei andere Goldsucher in Coolgardie pfundweise Nuggets vom Wüstenboden aufgeklaubt. Schon strömten die Goldsüchtigen herbei. Binnen weniger Monate war das Oberflächengold eingesammelt, und der »goldene Troß« brach auf zum Mount Youle, wo gerade neues Gold gefunden worden war.

Kalgoorlie: in fünf Jahren mehr als 200 000 Prozent Gewinn

Der ruhige, dem wilden Goldgräberleben abholde Hannan zog erst ein paar Tage später los. Mit zwei Kumpeln kampierte er im Juni 1893 beim heutigen Kalgoorlie, wo er quasi über Goldkörner stolperte. Binnen weniger Tage sammelte das Trio rund 300 Gramm schieres Gold ein.

Das war der Beginn des größten Goldfundes der Weltgeschichte. Ein Minensyndikat, das 1893 mit 150 Pfund Kapital in Kalgoorlie startete, hatte fünf Jahre später seinen Anteilseignern bereits über 900 000 Pfund in bar und üner 420 000 Pfund in neuen Anteilen ausgezahlt. Der Wert des Unternehmens lag zu diesem Zeitpunkt bereits bei 30 Millionen Pfund, nach heutigem Wert mehr als 300 Millionen Euro. Der allseits beliebte Hannan selber profitierte nur in bescheidenem

Fitzroy River im Geikie Gorge National Park

Maß von dem unermeßlichen Reichtum. Er, wohl mehr von der Goldsuche als von dem Metall selber fasziniert, zog sich schon ein Jahr nach seinem Fund wieder in den Busch zurück.

Aber Kalgoorlie ehrte ihn wie keinen anderen, unter anderem wurde die Hauptstraße nach ihm benannt. Dort, zwischen den vom Gold finanzierten viktorianischen Prachtbauten, erinnert auch ein Bronze-Denkmal an den zurückhaltenden Helden – mit einen Stoff, der damals noch wertvoller war als Gold: Aus Hannans Feldflasche rinnt auf Knopfdruck Wasser.

Es hätte 1893 nicht viel gefehlt und die drei Männer hätten nie etwas von ihrem Gold erzählen können. Sie hatten nur noch zwei Liter Wasser und wären wohl verdurstet, wenn sie nicht ein ebenso

Die Terrasse über dem Cable Beach bei Broome ist ein beliebter Treffpunkt

Der Ord River sorgt bei Kununurra für Grün in einer Trockenzone

kräftiger wie überraschender Regen gerettet hätte. Aber darauf war natürlich kein Verlaß, als nun bald hunderte goldgieriger Glücksritter in die Wüste eilten. Wasser erwies sich denn auch größtes Problem für die drei dicht beieinanderliegenden Goldstädte Kalgoorlie, Coolgardie und Boulder. Die in der Umgebung gebohrten Brunnen brachten nur Wasser minderer Qualität zu Tage. Aber Western Australia hatte schnell die Chance erkannt, das Aschenputtel unter Australiens Bundesstaaten mit dem Gold aus der Wüste zu einer begehrten Prinzessin zu machen.

Gold und Wasser machten aus dem Aschenputtel eine Prinzessin

Binnen weniger Jahre vervierfachte sich die Bevölkerung, und wie 40 Jahre zuvor Melbourne im Osten wurde nun Perth im Westen eine reiche und ansehnliche Stadt. Aber Kalgoorlie, die Quelle des westaustralischen Wohlstands, brauchte immer noch Wasser. 1898 machte C. Y. O'Connor, ein Ingenieur der Hafenbehörde in Fremantle, einen für die damalige Zeit sensationellen Vorschlag: Er wollte ein Wasserrohr von Perth bis Kalgoorlie verlegen, über 553 Kilometer quer durch die Wildnis. »Unmöglich«, hieß es in Perth, und »Verschwendung«. Doch O'Connor ließ sich nicht beirren, und schließlich erreichte die Wasserleitung 1903 die goldreiche, wasserarme Stadt.

Kalgoorlies neue Goldader: der Tourismus

Wer heute mit dem Auto von Perth nach Kalgoorlie fährt, sieht immer wieder große Rohre neben der Straße: O'Connors holzumhüllte Leitungen wurden zwar durch neuere Konstruktionen ersetzt, aber sein »Goldfields Water Supply« versorgt die Stadt bis in die Gegenwart mit dem lebensnotwendigen Naß. Und auch heute noch wird auf der »Golden Mile« in einer Mine Gold gefördert. Aber die neue Goldader ist der Tourismus. Vom Besuch unter Tage bis zur eigenhändigen Goldsuche mit einem Metalldetektor, vom Flug über die Goldene Meile bis zur Tea-and-Scones-Fahrt im »Rattler« über die Gleise der alten Goldminen-Eisenbahn – Kalgoorlie kann seine Gäste tagelang beschäftigen und lebt gut davon.

Springvale-Stockmen bei der Teepause (unten)

Hufbeschlag auf der Springvale Ranch

In Australien heißen die Farmhelfer Stockmen oder Ringer. Der Begriff Cowboy kam erst mit den Wildwestfilmen ins Land, konnte sich aber nie durchsetzen. Viele Stockmen sind Aborigines, die meist vorzüglich mit ihren Pferden, aber auch mit den Geländemotorrädern umgehen können. Die höchstbezahlten Stockmen sind zugleich Helikopterpiloten.

Höhepunkt einer Reise durch die Kimberleys: Bungle Bungle National Park

Ähnlich erging es einem ganz anderen Ort in einem ganz anderen Ambiente: Auch Broome an der tropischen Nordküste ist Ende des 19. Jahrhunderts reich und berühmt geworden, nicht durch die Schätze im Erdreich, sondern durch die im Meer: Broome war der »Port of Pearls«. Jeden Tag liefen die Pearl-Lugger aus, um die Perlen aus der See zu »ernten«. Meist waren es Japanerinnen, die hinabtauchten und die Perlenmuscheln von den Felsen lösten, ein gefährlicher Beruf, wie die Lebensdaten auf den Grabsteinen von Broome belegen. Aber der kleine Hafen strotzte vor Wohlstand, wie das erhaltene Herrenhaus eines »Perlbarons« zeigt. Plastik machte dem im doppelten Sinne des Wortes glänzenden Geschäft ein Ende, denn für das große Geld hatten nicht die Schmuckperlen, sondern das Perlmutt der Muschelschalen gesorgt. Gut 80 Prozent allen weltweit gehandelten Perlmutts kam damals aus Broome. Aber nach dem Krieg ließen sich die beliebten Perlmuttknöpfe viel billiger aus der Plastikstanze beziehen.

Ein Lord und ein Strand brachten Broome eine neue Zukunft

Broome schien zurückzufallen in tropische Lethargie. Das änderte sich erst, als in den achtziger Jahren ein blaublütiger Brite, Lord McAlpine, den makellosen und 23 Kilometer langen Strand als Touristenattraktion entdeckte und mit dem »Cable Beach Hotel« die erste Urlaubsherberge der Luxusklasse in Westaustralien bauen ließ. Seither boomt Broome. Und selbst die Perlenfarm, die außerhalb der Stadt die alte Tradition fortleben läßt, möchte nicht auf die Dollars verzichten, die Touristen gerne für eine Besichtigung hinblättern.

»Wir haben Glück gehabt«, sagt der betagte Chinese, der im »Son Ming« in der Carnavon Street trotz der Hitze einen Tee trinkt. »Wir hatten nach dem Krieg kein Geld, um die alten Häuser durch neue zu ersetzen. Deshalb hat Broome jetzt ein historisches Viertel.« Er weist aus dem Restaurantfenster: »Es heißt zwar Chinatown, aber die Japaner waren hier immer viel einflußreicher – bis sie uns im Krieg bombardierten…«, fügt er nach einer kleinen Pause hinzu. Über 70 Menschen kamen damals um, die zerstörten Flugboote ragen bei Ebbe immer noch aus der Bucht. Japanische Touristen scheinen dieses Fotomotiv zu lieben.

Aborigines-Kinder auf der Strandpromenade von Geraldton

Fast jeden Morgen kommen wilde Delphine zur Fütterung an den Strand von Monkey Mia

Milliarden winziger Muschelschalen bilden einige der Strände an der Shark Bay

Ein Pelikan trinkt am Rasensprenger (unten)

Kalbarri National Park

Coral Bay (unten)

Und noch ein Beispiel für einen Winkel des riesigen Landes, in dem die Touristen nun für volle Kassen sorgen sollen, nachdem es mit dem gewohnten Geschäft nicht mehr klappt: Auf dem North-West Cape waren es keine Bodenschätze oder Meeresgaben, die bislang für das Einkommen sorgten.

Hier waren es die amerikanische und die australische Marine, deren gemeinsame Basis Funkkontakt mit den U-Booten im Pazifik hielt. Im Zeitalter der Satelliten wurde die Station in der Nähe von Exmouth immer weniger wichtig, die Amerikaner sind längst abgezogen, die Aussies wollen ihnen bis auf eine kleine Einheit folgen.

Auch auf dem North-West Cape setzt man auf den Tourismus

Die Hoffnungen, die sich nun auf Urlauber richten, sind nicht unbegründet, denn der Landfinger an der Nordwestecke des Kontinents bietet auf kleinem Raum enorm viel, beispielsweise einen

Bei Carnavon an der Küste weist ein Zeichen an einer unbefestigten Seitenstraße zum Mount Augustus. Der Berg, 450 Kilometer weit im Hinterland gelegen und vom Burringurrah National Park umgeben, ist Westaustraliens Antwort auf den Ayers Rock. Auch der Mount Augustus ist ein Inselberg, aber doppelt so groß wie der Ayers Rock. Er ist zwar der größte seiner Art weltweit, aber eine ähnliche Touristenattraktion wie der Ayers Rock wird er wohl nicht werden. Da der Berg teilweise bewachsen ist, wirkt er nicht so spektakulär.

Nationalpark, der binnen weniger Kilometer ein fischumschwärmtes Korallenriff, einen kilometerlangen und einsamen Sandstrand und nicht allzu hohe, aber spektakuläre Schluchten vereint.

Das »Rückgrat« der Halbinsel ist die Cape Range, ein schluchtenreicher Gebirgszug, der dem Nationalpark voller Wallabies und anderen Tieren seinen Namen gab. Der Park endet formal an der Stelle, wo der helle Sand der Westküste in das Türkis des Indischen Ozeans übergeht. Hier beginnt der Ningaloo Marine Park, ein gut 250 Kilometer langes Schutzgebiet rings um das gleichnamige Riff, das an manchen Stellen nur 150 Meter vom Ufer entfernt verläuft. Jeweils im März sorgen die Korallen hier für ein ungewöhnliches Schauspiel: In den ersten Nächten nach Vollmond steigen aus den Korallen Millionen Samen und Eier auf, die dann befruchtet wieder absinken und neue Korallengärten bilden. In diesen Nächten scheint das Meer zu blühen.

Aber es hält noch eine größere Sensation bereit. Von Ende März bis Ende Mai sammeln sich vor dem Riff Dutzende von Walhaien, mehr als an irgendeinem anderen erreichbaren Ort der Welt. Die größten Fische der Welt – sie werden bis zu 18 Meter lang und 40 Tonnen schwer – sind zwar, wie ihr Name sagt, Haie, aber völlig harmlos. Deshalb kann man gefahrlos mit den freundlichen Riesen schwimmen, sei es mit Taucherflasche auf dem Rücken, sei es auch nur mit Schnorchelausrüstung, weil die Giganten der Meere hier bis zum Wasserspiegel aufsteigen.

Kleiner, aber nicht minder freundlich sind die Meeresbewohner, die fast jeden Vormittag am Strand von Monkey Mia auftauchen: Delphine. Sie kommen meist im Familienverbund und haben am Strand schon ihre eigenen Futtereimer, mit aufgepinselten Namen. »Ja, wir erkennen jeden einzelnen«, antwortet der Ranger auf die Frage, die gleichlautend mehrfach aus der Gruppe kommt, die bis zu den Knien im Meer steht. »Jeder Delphin hat eine anders geformte Rückenflosse, einige haben auch Narben.«

In Monkey Mia fressen die Delphine jedem aus der Hand

Charlie ist nicht mehr dabei, wenn morgens kurz vor acht Uhr die ersten Rükkenflossen vor dem Strand auftauchen. Unwillkürlich erinnert dieser Anblick an den Namen der Bucht: Shark Bay. Aber es sind natürlich keine Haie, sondern Charlys Nachfahren, die da Kurs auf den Strand nehmen.

Es war ein noch namenloser Delphin, der 1964 nach dem Fisch schnappte, den ihm Alice Watts von ihrem Boot aus zuwarf. Am nächsten Tag war der zutrauliche Meeressäuger wieder zur Stelle, und so ging es weiter. Der Gast aus dem Ozean wurde bald Charly getauft, auch um ihn von den anderen Delphinen zu unterscheiden, die er bald mitbrachte. Charlie ist vermutlich gestorben, aber auch die anderen Delphine sind nicht minder zutraulich, einige lassen sich sogar streicheln. Ranger überwachen das tägliche Ritual, damit den Tieren niemand etwas zuleide tut, aber auch, damit sie nicht zuviel zu fressen bekommen: ein Drittel der delphinüblichen Tagesration, mehr gibt es nicht – schließlich sollen die Gäste nicht das Jagen verlernen.

Reise in den unbekannten Süden des Landes

Monkey Mia ist nicht einmalig. Es gibt noch einen zweiten Platz an der Südwestküste, an der sich Delphine und Menschen so nahe kommen: in Bunbury 180 Kilometer südlich von Perth. Bunburys Koombana Beach wird seit 1990 ebenfalls regelmäßig von Delphinen besucht. Das ist aber erstaunlicherweise selbst in Perth weniger bekannt. Wie die Hauptstädter ihren Besuchern ohnehin immer den Norden als sehenswert anpreisen, die Regionen südlich und südwestlich von Perth jedoch meist nicht erwähnen. Dabei ist diese Ecke des Kontinents reich an historischen Zeugnissen und dramatischen Szenarien der Natur.

»The Gap« im Torndirrup National Park bei Albany

Blick auf die Bucht von Albany

Um die bis zu 60 oder 70 Meter hohen Bäume in den Wäldern des Südwestens gibt es immer wieder Auseinandersetzungen. Es sind Wirtschaftswälder, deren Stämme, abgesehen von den berühmten Feuerausguck-Bäumen, für die Sägewerke vorgesehen sind. Dagegen protestieren Naturschützer. Sie wollen einige Gebiete, vor allem den Hawke Forest beim D'Entrecasteaux National Park, vor den Motorsägen schützen.

Tree Top Walk über den Karri-Bäumen im Walpole-Nornalup National Park

An den Klippen und schroffen Felsen rund um das Cape Leeuwin im äußersten Südwesten des Kontinents verunglückten zahlreiche Schiffe

Feuerturm: Aufstieg nur für Schwindelfreie

Im Familien-Seebad Busselton bei Margaret River zuckelt eine kleine Touristenbahn über die Pier

Die Baumriesen rings um Pemberton, die mächtigen Karri- und Jarrah-Stämme, sind zwar nicht ganz so hoch wie die berühmten kalifornischen Redwood-Bäume, stehen ihnen an Majestät aber kaum nach. Einige der hohen Karris werden als Feuer-Ausguck benutzt, etwa der 51 Meter hohe Diamond Tree bei Manjimup oder der 60 Meter hohe Gloucester Tree bei Pemberton. Im Gegensatz zum Diamond Tree darf der Gloucester Tree von jedermann bestiegen werden, aber es ist nicht jedermanns Sache, auf den in den Stamm gerammten Eisenstangen steil aufwärts und wieder abwärts zu steigen. Nicht wenige brechen den Versuch mit weichen Knien schnell wieder ab, die meisten bleiben ohnehin am Boden. Für diejenigen, die es bis nach ganz oben geschafft haben, verkauft ein junger Australier ein Souvenir: In Anlehnung an den Baumpaten, den Herzog von Gloucester, bemalte er T-Shirts mit der Aufschrift »Gloucester Climbers are really High Society«. Einen Kletternachweis muß man beim Kauf jedoch nicht vorlegen…

Nur kümmerlich bewachsen ist die Nullarbor Plain wegen ihres porösen Kalkbodens

Wieder erwünscht in Esperance: Reklame aus dem Weltraum

Eine andere Art von Witz hat das schon sichtlich verwaschene T-Shirt, das Richard aus Esperance an diesem Tag trägt: »Welcome Skyflop 1979«. In der Tat, in jenem Jahr machte Esperance weltweit Schlagzeilen, die ähnlich lauteten. Die kleine Stadt an der Südwestküste, die bis dato trotz exzellenter Strände bestenfalls Australiern als Sommerferienadresse bekannt war, lag genau in der Flugbahn einer aus der Bahn geschleuderten »Skylab«-Weltraumstation. Der tonnenschwere Apparat aus dem All, der bereits seit 1973 um den Globus kreiste, hätte große Schäden anrichten können. Glücklicherweise rauschte er bei seiner letzten Erdumkreisung mit feurigem Schweif noch ein Stück weiter und krachte östlich von Esperance in unbewohntes Gebiet.

Ein paar Trümmer des zerschellten Himmelslabors sind heute die Renommierstücke in dem freundlich-unaufgeräumt wirkenden Ortsmuseum. Geradezu penibel wirken dagegen die alten, aber restaurierten Häuser, die ein paar Schritte vom Museum entfernt zu einem Mini-Dorf mit nettem Café zusammengestellt wurden und in denen nun ein Schmied, ein Schreiner und andere ihrem Handwerk wie einst nachgehen.

Steilküste beim Nullarbor National Park

Steinerne Woge des Wave Rock bei Hyden

Sie haben nicht viel zu tun an diesem sonnigen Herbsttag. Richard, der im Fotoladen an der Hauptstraße arbeitet und an einem der Gartentische des Cafés seinen »Tea Break« genießt, klagt denn auch über die zu kurze Saison: »Ende Februar sind die meisten Touristen weg, dann kommen nur noch die Farmer aus der Umgebung in die Stadt. Und bei denen sitzen die Dollars gewiß nicht locker. Wir müßten«, sagt er und deutet grinsend auf sein T-Shirt, »mal wieder so'n Einschlag haben. Da schwirrt doch genug Schrott über uns herum.«

REISE-INFO
WESTERN AUSTRALIA

Der Süden

Karte: Seite 112/113, Planquadrat F 2.
Die Gebiete südlich und südöstlich von Perth zeichnen sich durch schroffe Küsten, sandige Buchten und Wälder mit eindrucksvollen bis zu 80 m hohen Baumriesen aus.

Anreise: Die Küstenregion ist durch viele gut ausgebaute Straßen hervorragend erschlossen.

Unterkunft: Bunbury: »Welcome Inn« (Ocean Drive, Tel. 08/97223400): strandnahes, familiäres Hotel. Margaret River: »Margaret River Chalets« (196 Bussell Highway, Tel. 08/97 57 29 05) liegt am Waldrand. Albany: sehr großes Angebot an günstigen Unterkünften, aber auch noblen B & Bs wie »Flinders Park Lodge« (Harbour Rd/Ecke Lower King Rd, Tel. 08/98 44 70 62).

Sehenswürdigkeiten: Bunbury, die zweitgrößte Stadt Westaustraliens, ist Industriestandort und Seebad, in dem regelmäßig wilde Delphine an den Strand kommen. Die Stadt gilt als Tor zum »Great South«, jener Zone, die sich um Cape Leeuwin, die Südwestecke des Erdteils, herumzieht bis Esperance.

Noch vor dem Kap liegt im Inland die kleine Ortschaft Magaret River im Zentrum eines Weinbaugebiets im Westen. Die Kalkstein-Region ist von zahlreichen Höhlen durchzogen, einige von ihnen, etwa bei Yallingup, sind zugänglich.

Das nach einem Schiff genannte Cape Leeuwin ist der südwestlichste Punkt Australiens, der Leuchtturm auf der Landzunge steht Besuchern offen. Rings um das Kap sind früher viele Schiffe verunglückt, das kleine Museum im nahen Augusta hat dazu Exponate gesammelt.

Im Hinterland wachsen bis zu 60 m hohe Karri- und Jarrah-Bäume. Zentrum der Region ist der Ort Pemberton, in dem auch eine »Scenic Tramway Tour« startet. In der Nähe steht der 60 m hohe Gloucester Tree, einer der Riesenbäume, die zugleich als Feuerausguck in den Wäldern benutzt werden; ihn darf man erklettern.

Wo der Highway Nr. 1 wieder die Küste erreicht, führt er durch den Walpole-Nornalup N. P. In seinem Valley of the Giants ragen mehr als 40 m hohe Karri-Bäume auf. Insgesamt gibt es acht Nationalparks an der Küste zwischen Cape Leeuwin und Albany. Diese älteste westaustralische Stadt am King Georg Sound wurde 1826 besiedelt. Entsprechend reich bestückt ist das Residency Museum, bei dem auch ein Nachbau der »Amity« verankert ist (tgl. 10–17 Uhr). Mit der Brigg kamen die ersten Siedler nach Albany.

Die Strawberry Hill Farm von 1836 ist das älteste Bauernhaus im Staat, andere historische Gebäude sind das Gefängnis von 1851 und das Postamt von 1870, heute werden beide als Museen genutzt (tgl. 10–16 Uhr). Vom Mount Clarence, auf dem ein mächtiges Denkmal an australische Truppen im Ersten Weltkrieg erinnert, hat man einen Blick über Stadt und Bucht. 21 km entfernt liegt »Whaleworld«, ein attraktives Walmuseum (tgl. 9–17 Uhr).

Von Albany aus verläuft der Highway 1 abseits der Küste und erreicht sie erst wieder nach 480 km in Esperance. Der Badeort hat eindrucksvolle weiße Sandstrände, die man auf einer 36 km langen Loop Road kennenlernen kann. Das Museum im Ort präsentiert u. a. Reste des Skylab, das 1979 nahe der Stadt zur Erde stürzte.

In Esperance beginnt der Highway nach Norden in die Goldfields. Nach 200 km, in Norseman, biegt der Highway 1 nach Osten ab. Als Eyre Highway durchquert er einen der unwirtlichsten Landstriche des Kontinents, die Nullarbor-Wüste. Bisweilen kann man an die Steilküste heranfahren, die hier über hundert Kilometer die Südkante Australiens bildet.

Information: Pemberton, Karri Visitor Centre, Brockman St, Tel. 08/97 76 11 33, www.pembertontourist.com.au; Albany Visitor Information, Proudlove Parade, Tel. 08/98 41 10 88, www.albanytourist.com.au; Esperance Tourist Centre, Dempster St, Tel. 08/90 71 23 30, www.visitesperance.com.

»Intercontinental Cable Beach Club« in Broome

Goldfields

Karte: Seite 112/113, Planquadrat E 2/3.

Anreise: Der Eastern Highway führt zuerst durch das reizvolle Avon Valley, dann durch die Trockenzonen ins knapp 600 km entfernte Kalgoorlie. Auf derselben Route rollt auch der transkontinentale »Indian-Pacific«.

Unterkunft: 1997 eröffnet wurde in Kalgoorlie das »Railway Motel« (Tel. 08/90 91 85 85), ein restauriertes historisches Hotel.

Sehenswürdigkeiten: Coolgardie, der Ort der ersten Nuggets, ist heute fast eine attraktive Geisterstadt mit einer Ausstellung zur Geschichte des Goldrauschs. Auch der Bahnhof wurde zu einem Museum (tgl. 9–16 Uhr). Die knapp 40 km entfernte Doppelstadt Kalgoorlie-Boulder blüht hingegen mit 25 000 Einwohnern. In die Goldmine »Hannan's North« fahren heute nur noch Touristen ein. »Rattler« heißt die Bahn, die einst Arbeiter transportierte und heute in Boulder Touristen über die Golden Mile fährt. In Kalgoorlie gibt es auch ein Museum zur Geschichte der Goldfelder – im einst kleinsten Pub Westaustraliens (tgl. 9–16 Uhr). Ein anderes Museum unterhält die Historical Society im alten Bahnhof von Boulder (tgl. 9–12.45 Uhr) am Beginn der Burt St. Beide Städte haben aus ihrer goldreichen Zeit viktorianische Prunkbauten.

Information: Kalgoorlie Tourist Bureau, 250 Hannan St, Tel. 08/90 21 19 66, www.kalgoorlie.com.

Der Nordwesten

Karte: Seite 112/113, Planquadrat D–F 1.

Unterkunft: Geraldton: »Champions Bay Bed & Breakfast« (31 Snowdon St, Tel. 08/99 21 76 24) im Kolonialstil in Hanglage. Monkey Mia: »Monkey Mia Dolphin Resort« (Tel. 08/99 48 13 20): Ferienkomplex. Exmouth: »Potshot Hotel Resort« (Murat Rd, Tel. 08/99 49 12 00).

Anreise/Sehenswürdigkeiten: Der Highway 1 führt Richtung Norden durch eintöniges Gelände. Die nächste Sehenswürdigkeit ist der Nambung N. P. bei Cervantes mit den Pinnacles (siehe Foto S. 4/5), Tausenden von bizarren Kalksteinsäulen (Ringstraße für Pkw; schöne Strände). Einige Kilometer vor Geraldton erreicht der Highway 1 wieder das Meer. Die Stadt überrascht mit einer großen byzantinischen Kirche, der St. Francis

Zuchtperlenernte in der Willie Creek Pearl Farm bei Broome

Xavier Cathedral. Das Museum im alten Bahnhof zeigt eine umfassende Heimatsammlung, das zweite Gebäude enthält die maritime Sammlung (beide: Mo–Sa 9–17 Uhr, So 13–17 Uhr).
228 km weiter nördlich biegt die Straße ab zur Shark Bay und dem Strand von Monkey Mia, wo Delphine morgens an den Strand kommen. Aber auf der Halbinsel, einer World Heritage Area, gibt es noch mehr zu sehen, neben der Wildnis des Francois Péron N. P. vor allem die Stromatolithen in der Bucht von Hamelin.
Rund 200 km weiter nördlich, bei Carnavon, machen sich schon die Tropen bemerkbar. Hinter dem Minilya Roadhouse biegt der Highway 1 nach Osten ab, gerade geht es 220 km weiter zum North West Cape und nach Exmouth. Auf der Halbinsel liegt der Cape Range N. P. mit seinen bunt geschichteten Schluchten; der Park geht an der Westseite in lange Strände über. Vor diesen liegt, oft nur ein paar Meter entfernt, das 250 km lange Ningaloo Reef, nach dem Great Barrier Reef wohl das beste Tauch- und Schnorchelrevier Australiens (Mitte März zahlreiche Walhaie).
Information: Geraldton Tourist Office, Chapman Rd, Tel. 08/99 21 39 99, www.geraldtontourist.com.au; Exmouth Tourist Office, Murat St, Tel. 08/99 49 17 76, www.exmouth.wa.gov.au.

Pilbara, Kimberley

Karte: S. 112/113, Planquadrat C 2, B 3/4.
Der Norden ist heiß und durch zwei Gebirge charakterisiert: die Hamersley-Pilbara Range und das Kimberley-Gebiet.
Anreise: Mit dem Auto über den Highway 1 oder per Flugzeug.
Unterkunft: In den Minenstädten der Pilbara-Region gibt es zweckmäßige Motels. Broome hat ein breites Angebot guter Unterkünfte bis hin zu einem luxuriösen Ferienhotel, dem »Cable Beach Club« (Cable Beach Rd, Tel. 08/91 92 04 00). Kununurra: »El Questro Station & Wilderness Park« (Gibb River Road via Kununarra, Tel. 08/91 69 17 77): u.a. zweckmäßig ausgestattete Bungalows.
Sehenwürdigkeiten: Die Hamersley-Pilbara-Region ist die eisenerzreichste der Welt, fast alle Kommunen sind deshalb auch Minenstädte oder Erzhäfen. Eine Ausnahme ist die restaurierte historische Ruinenstadt Cossack bei Roebourne. Das Bergland abseits der Minen ist von schönen Schluchten durchzogen.
Zwei Schutzgebiete, der Millstream-Chichester N. P. und der Hamersley Range N. P. bewahren diese Schönheit. Die bekanntesten Schluchten liegen bei Wittenoom, allerdings besteht dort an windigen Tagen immer noch die Gefahr, krebserregende Asbestfäden einzuatmen, obwohl der Asbestabbau hier vor mehr als 25 Jahren eingestellt wurde.
Jenseits der Großen Sandwüste biegt die Straße zum alten Perlenhafen **Broome** ab. Die kleine Tropenstadt hat mit dem Cable Beach nicht nur einen exzellenten Strand, sondern auch einige historische Zeugnisse im interessanten Museum. Fast museal sind auch die »Sun Pictures«, ein altes Outbackkino, in dem man unter freiem Himmel in Liegestühlen die Filme verfolgt. Bei der Cable Beach, am Gantheaume, blieben 120 Millionen Jahre alte Dinosaurier-Spuren erhalten. Sie sind zwar nur bei extremer Ebbe sichtbar, aber auf der Klippe wurden Nachbildungen einzementiert.
Weiter östlich umrundet der Highway 1 die Kimberleys in weitem Bogen. Drei schöne kleine Nationalparks sind vom Highway aus auf ungepflasterten Wegen erreichbar: die Windjana Gorge, der Tunnel Creek und die Geikie Gorge. Weiter östlich, hinter Halls Creek, gibt es für Geländewagen-Fahrer eine Zufahrt zum Bungle Bungle N. P. Mit einem Allradwagen kann man auch auf der ungepflasterten Gibb River Road eine kürzere, aber zeitlich aufwendigere Route durch die Kimberleys nehmen.
Kurz vor der Grenze zum Northern-Territory liegt ***Kununurra,*** eine Stadt, die in den sechziger Jahren mit einem großen Bewässerungsprojekt gegründet wurde. Dies hat zwar nie alle Erwartungen erfüllt, aber mit dem damals entstandenen Lake Argyle, Australiens größtem Stausee, hat Kununurra auch eine touristische Zukunft. Wirtschaftlich erfolgreich sind zudem die Diamantminen der Region. Die schon erwähnten Bungle Bungles, Hügel, die wie aufgeschichtete Pfannkuchen wirken, sieht man am besten aus der Luft. In Kununurra werden Flüge angeboten, die auch über den See und die Diamantminen führen.
Information: Port Hedland Tourist Office, 13 Wedge St, Tel. 08/91 73 17 11, www.porthedland.wa.gov.au; Broome Visitors Office, Great Northern Highway, Tel. 08/91 92 22 22, www.broomevisitorcentre.com.au; Kununarra Visitors Centre, Coolibah Drive, Tel. 08/91 68 11 77.

Shark Bay: Stromatolithen sind Kalkausscheidungen primitiver Algen oder Bakterien

Muschelfelsen bei Exmouth

Blick über die Main Street von Albany hinab zum Meer

Förderturm der Cassidy Mine in Boulder

Am Great Ocean Drive bei Esperance

Bei Walpole westlich von Albany liegt in der Nähe von Crystal Springs ein Strand namens Mandalay Beach. Benannt ist er nach einer norwegischen Bark, die hier 1911 unterging. Aber das stattliche Segelschiff ist nicht für immer verloren. Etwa alle zehn Jahre wird es aus dem Sand, unter dem es begraben ist, freigespült. Später versinkt das Wrack wieder. Wissenschaftler vermuten, daß sich verändernde Meeresströme diesen Effekt bewirken.

Überreste des amerikanischen Skylab-Labors im Museum von Esperance

NORTHERN TERRITORY

Das Land der Aborigines

In keinem anderen Bundesstaat ist der Anteil der Ureinwohner so hoch. Nirgendwo gibt es so große Reservate, sind die Rechte der schwarzen Bevölkerung weiter durchgesetzt. Hier liegt der heilige Berg der Aborigines: der Ayers Rock (gr. Foto). Aber das Land hat weit mehr zu bieten: tropische Natur und uralte Kunst im Kakadu N. P. (kl. Foto), Wüsten und Darwin, die feuchtheiße Kapitale.

Kevin krempelt sich bereitwillig seine Hosenbeine hoch und zeigt nicht ohne Stolz eine große Narbe an der Wade. Seine Freunde im Pub am Adelaide River kennen das Beweisstück offensichtlich schon und pflichten Kevin bei: Ja klar, er sei das Vorbild für Crocodile Dundee, jenen berühmten australischen Filmhelden. Und die Wade sei schon einmal im Schlund eines verdammten Crocs gewesen. Hätte »Kev« nicht mit dem anderen Stiefel heftig nach dem Auge der Bestie getreten, hätten sich wohl auch die Kiefer der Echse nicht mehr gelockert.
Kevin war schon der vierte, der uns binnen weniger Tage davon überzeugen wollte, dieser Crocodile Dundee, der zeitweise sogar Hollywood neidisch machte, sei nach seinem Abbild modelliert. Je weiter man nach Norden kommt, desto stärker wächst die Dundee-Dichte. Stories wie die diversen »wahren Geschichten« über Dundee gefallen den Territorians, und das nicht nur, weil der Film dem bisweilen als hinterwäldlerisch geschmähten Nordterritorium weltweite Publizität und ein positives Image verschafft hat.

»Buschmannsgarn« aus dem Northern Territory

Unabhängig davon hat man im Norden, wo vom alten Pioniergeist noch einiges spürbar ist, immer Zeit für gutes »Buschmannsgarn«. Etwa die Geschichte des jungen Ehepaars, mit denen wir uns durch die 34 Grad warmen Quellen von Mataranka treiben lassen. Das sei schon angenehmer als das Bad, das sie vor einigen Jahren unfreiwillig im nahen Waterhouse River hätten nehmen müssen: »Die Strömung war gering, und wir ließen beim Barramundi-Angeln unser Kanu vor unserem Zeltplatz dahintreiben. Plötzlich tat es einen leichten Schlag, wir waren auf ein Hindernis aufgelaufen.« Wir glaubten Bescheid zu wissen: »Ein Krokodil!« »Nein, fast noch schlimmer. Wir waren mit einem Büffel kollidiert, der wohl im Wasser döste. Er war so zornig, daß er uns mit unserem Boot umwarf und an Land stampfte. Dort ließ er sich ausgerechnet vor unserem Zelt nieder. Es dauerte fast zwei Stunden, ehe sich das Biest in den Busch trollte.« Eine wahre Geschichte? Unwahrscheinlich, denn es gibt nicht mehr viele wilde Büffel im Territorium. Die Nachfahren der einst als Arbeitstiere eingeführten Wasserbüffel sind von Jägern stark dezimiert worden, weil sie die Wasserläufe in der Wildnis zerstörten.
Auch Dion, der Nationalparkranger, hatte eine gute Geschichte zu erzählen, als er uns am Tag darauf durch die Katherine Gorges führte. In der zweiten der insgesamt 13 Schluchten, die der Katherine River durch die roten Felsen gefräst hat, ließ Dion das Boot vor einer 60 Meter hohen Steilwand anhalten. »Jedda's Leap« nenne sein Stamm diesen senkrechten Felsen, sagte der Halb-Aborigine. Jedda war laut Legende ein junger Mann, der sich in ein Mädchen verliebt hatte, das seine Gefühle erwiderte. Weil sie aber nicht heiraten durften, seien sie hier gemeinsam in den Tod gesprungen.
Auf dem Rückweg von der Tagestour – sie führt in fünf Schluchten – erklärt er in der ersten Schlucht die Felsmalereien der Ahnen. Darunter sind überlebensgroße menschliche Figuren, auch eines der scheuen Süßwasserkrokodile, die in den Schluchten leben, ist an den Wänden dargestellt. Die Kunstwerke sind mehrere tausend Jahre alt, obwohl sie in der Regenzeit häufig überspült werden. Dann steigt der Wasserstand in der Katherine Gorge um bis zu zehn Meter, und aus dem gemächlich dahinfließenden Katherine River wird ein reißender Strom, auf den sich nur sehr erfahrene Kanuten wagen sollten.
Diese alljährlich wiederkehrende Flut überstanden die prähistorischen Zeichnungen, weil ihre Schöpfer Ocker-Erdfarben verwendeten, die Eisenoxid enthielten. Das ist tief in den Stein eingedrungen. Dann hat sich mit der Zeit auf

Ranger im Kings Canyon Campground

Eine Kette sichert den Aufstieg auf den Ayers Rock

Wanderer im Valley of the Winds in den Olgas

Für die Aborigines ist der Ayers Rock ein heiliger Berg (unten)

Wanderer in der Stanley Chasm, einer Kluft der McDonnell Ranges (unten)

Der Uluru oder Ayers Rock ist kein Monolith, sondern ein Inselberg. Er ist die Kuppe eines im Sand versunkenen Gebirges, zu dem auch die nahen Olgas gehören. Die Aborigines nennen das Gebirge Kata Tjuta. Das bedeutet passend zu den Bergkuppen »viele Köpfe«. Die höchste Spitze ist der 546 Meter hohe Mount Olga, der den Ayers Rock um rund 200 Meter überragt. Beide sind Teil des Uluru National Park, der 1996 auch ein vorzügliches Aborigines-Kulturzentrum erhielt. Dort erfahren die Besucher Details über die religiöse Bedeutung des Felsens. Einige Höhlen am Fuß des Uluru haben rituelle Bedeutung und sind deshalb für Weiße gesperrt.

Didgerido-Bläser Paul Ah-Chee in Alice Springs

Lookout auf dem One Tank Hill bei Tennant Creek

Lebensfeindliches Outback: Tierschädel beim Wycliffe Well Roadhouse

Das pittoreske, aber schmuddelige »Daly Waters Inn« am Stuart Highway lebt längst von den Touristen

Die steilen Felswände der Katherine Gorge sind das Schaustück des Nitmiluk-Nationalparks

In der Katherine Gorge kann man mit Glück Krokodile beobachten, allerdings nur die kleineren Freshwater Crocodiles, die Menschen nicht angreifen. Manchmal verirrt sich jedoch auch ein für Menschen gefährliches Saltwater Crocodile in die Schlucht. Die aber wird nach jeder Überflutung kontrolliert: »Salties« werden dann zurück nach Norden transportiert. Die bis zu sieben Meter langen Salzwasser-Krokodile – die auch im Süßwasser leben können – standen lange unter Schutz und haben sich stark vermehrt. Jetzt dürfen sie wieder gejagt werden.

In den Cuta Cuta Caves bei Katherine

dem Stein ein Silikat entwickelt, das die Felswand quasi versiegelt und vor dem Wetter schützt.

Im Top End, im tropischen Norden des Territoriums, gibt es zweimal im Jahr einen grundlegenden Wetterwechsel. Zwischen Mai und September ist das Klima heiß, aber nahezu regenfrei; häufig beginnt dieser tropische Winter auch schon im April. Im Oktober, oft auch erst im November, drückt jedoch der Monsun von Asien her regenschwere Wolken über das Land. Dann strömt das warme Naß hektoliterweise zu Boden, die Flüsse werden zu wilden Strömen.

Die amphibische Welt des Kakadu National Park

Im Kakadu National Park, wo sich das Wasser für den Katherine River sammelt, sind die Ebenen quadratkilometerweit ein bis zwei Meter hoch überflutet: ein nahrhaftes Bett für Hunderttausende blau- und purpurblühende Wasserlilien und ein reich gedeckter Tisch für Millionen von Wasservögeln. In diesen Wochen stürzen sich auch endlose Wasserströme spektakulär über die Kante des Escarpments zu Tal. Die meist 100 bis 200 Meter hohe Sandsteinschwelle zur Hochebene des Arnhemlandes zieht sich längs durch den ganzen Park wie die Kulisse hinter einer Bühne, auf der eine üppig versorgte Natur ständig für neue attraktive Inszenierungen sorgt.

Die theatralischste Schau liefern die Gewitter, die sich vor allem im »tropischen Sommer«, wie offizielle Territorians ihre Regenzeit verkaufsfördernd nennen, über dem Park zusammenballen. Meist sind sie einigermaßen berechenbar: Gegen Ende der »Wet Season« ziehen sie in der Regel nicht vor 17 Uhr ihre blitzsprühende Bahn über das Firmament. Auch wir und unser junger Pilot wissen das, während wir mit Verspätung in Ramingining im Arnhemland starten. Zwei stattliche Gewitterwolken hängen schon über dem Hochplateau, eine schleudert ihre Blitze genau in unsere Flugbahn – wir müssen eine weite Kurve um das unerfreuliche Gebilde fliegen.

Die dritte Wolke, eine »kleine Gewitterfront«, hängt jedoch leider genau über Jabiru, unserem Ziel. Kein Durchkommen, der Flughafen ist in den undurchdringlichen Regenvorhängen nicht mehr auszumachen. Eng kurven wir um das Wettermonstrum herum, heftig durchgeschüttelt. Alle paar Minuten werden wir wie an einem Marionettenseil hochgerissen oder fallengelassen, während ein Blitz nach dem anderen über den Himmel zuckt. Auf der Stirn des Piloten bilden sich Schweißperlen, denn die Benzinuhr steht kurz vor der Null-Markierung. Doch noch laufen die Propeller ruhig. Plötzlich tut sich ein Loch auf in der dunklen Wand, und die regennasse Piste wird sichtbar. Sofort schwenkt der Pilot ein, drückt unsere kleine Maschine durch die Lücke, und landet trotz der Regenfluten sicher auf der Piste. Zehn Minuten später ist das Gewitter weitergezogen.

Wo Namarrkon Blitz und Donner schleudert

Zwei Tage zuvor hatten wir am Nourlangie Rock die berühmten, rund 20000 Jahre alten Felsmalereien in der Anbangbang-Galerie bestaunt – und schon einmal Bekanntschaft gemacht mit einem skurrilen, wenn auch prähistorischen »Blitzmann«. Dort hatten wir noch ein wenig gespottet über das auffällige spindeldürre Kerlchen mit den Äxten an Kopf, Armen und Beinen. Die beiden Fäden zwischen Kopf und Füßen, so hatte der Parkranger erklärt, symbolisierten Blitze, und mit den steinernen Äxten schlage Namarrkon den Donner. Jetzt, glücklich gelandet, erweist wohl mancher von uns dem »Blitzmann« an der Felsenwand mehr Respekt.

Die Edith Falls im Nitmiluk-Nationalpark ergießen sich in ein von Panadanus-Palmen umgebenes Bassin

Im dünnbesiedelten Northern Territory gibt es zahlreiche weitere, zum Teil uralte Felsbilder der Aborigines – allein im Kakadu National Park zählt man viele tausend. Die Felsbildgalerien erzählen aus den Schöpfungsmythen der Ureinwohner, aus der Traumzeit, jener Epoche, in der die Schöpferwesen auf die Welt kamen. In ihren Gemälden setzten sich die Ureinwohner, wie viele andere schriftlose Kulturen, zudem mit neuen, fremden Phänomenen auseinander. Die meisten Bilder sind den Aborigines noch heute heilig und wurden für Touristen gesperrt, um sie vor den Augen der Besucher und vor Zerstörung zu schützen.

In keinem anderen australischen Bundesstaat ist es den Aborigines gelungen,

Wandmalerei am Nourlangie Rock

ihre Rechte so gut durchzusetzen wie im Northern Territory. Die Hälfte aller Bewohner sind Aborigines, kein anderer Staat verfügt über größere Reservate. Selbst der Ayers Rock, der spektakuläre Inselberg und neben der Oper von Sydney das bekannteste Symbol des Fünften Kontinents, wurde vor einigen Jahren den dort lebenden Stämmen zurückgegeben, die nun an Management und Einnahmen dieses – und weiterer – Nationalparks beteiligt sind.

Bei Gewitter machen die Darwinians ihre »Happy Hour«

Namarrkon, der mystische »Blitzmann« der Aborigines, ist auch in Darwin ein regelmäßiger Gast, pünktlich zur Vesperstunde läßt er seine schweren Regentropfen und seine Blitze auf die nur 75 000 Einwohner zählende Hauptstadt des Territoriums herabprasseln. Die Darwinians tragen es mit Fassung, obwohl es schon April ist und die Wet schon der Dry hätte Platz machen sollen. Für 30 bis 90 Minuten sucht jeder Dach und

Die Termitenhügel im Northern Territory können je nach Termitenart bis zu sieben Meter hoch werden

Einen Barramundi-Fisch zeigt die Aborigines-Malerei am Ubirr Rock

»Röntgenstil« nennen Fachleute die Malerei der Aborigines im küstennahen Norden Australiens. Die Künstler zeichnen dabei nicht nur die Umrisse von Mensch und Tier auf die Felsen. Sie stellen auch Wirbelsäulen, Skelettknochen oder sogar innere Organe von Lebewesen dar. Zugleich benutzen sie parallele oder sich kreuzende Linien, wie dies auch die Aborigines im Landesinneren tun.

Landschaft am Ubirr Rock im Kakadu National Park

Twin Falls im Kakadu National Park

Die von den Jim Jim Falls gebildete gleichnamige Schlucht ist als Wanderrevier beliebt

Deckung in Darwin: »Kein Problem, da machen wir eben Happy Hour«, kommentiert einer der jungen Leute, die auf dem überdachten Balkon des »Vic« Unterschlupf und kaltes Bier gefunden haben. Viel mehr können sie auch nicht sagen, denn sie müssen die kurzen Pausen nutzen, die zwischen zwei Songs bleiben. Heavy-Metal-Musik dröhnt durch die traditionsreiche Kneipe und hinaus in die Smith Street. Das historische Gemäuer scheint den Lärm geduldig zu ertragen, kein Wunder, hat das »Hotel Victoria« doch schon Wirbelstürme und Bombenangriffe überstanden, schwer beschädigt, aber immer wieder aufgebaut.

Wo Geist und Frohsinn der Pioniere zu Hause sind

Das vor gut 100 Jahren erbaute »Vic« ist ein Symbol für diese trutzige Stadt, die sich seit ihrer Gründung 1869 immer wieder großer Naturkatastrophen erwehren mußte. Vor allem die tropischen Hurrikans, hier »Cyclons« genannt, sorgten dafür, daß Darwin nur noch wenige Zeugnisse seiner Geschichte vorzeigen kann. Daran ist vor allem »Tracy« schuld: Der Wirbelsturm fiel Weihnachten 1974 über Darwin her und zerstörte mehr als die Hälfte aller Gebäude völlig. Danach wurde ernsthaft darüber nachgedacht, Darwin aufzugeben und wieder dem Urwald zu überlassen. Aber die Darwinians machten sich mit dem für Australien typischen Optimismus, mit »true Aussie spirit«, an den Wiederaufbau. Und nicht wenige trugen dabei T-Shirts mit der Aufschrift: »Oh what a night with Tracy!«
Wie könnte es anders sein in einer Stadt, in der nicht nur der Geist, sondern auch der Frohsinn der Pioniere unübersehbar zu Hause ist. Ein Beispiel dafür ist das »Darwin Stubbie«. Ein Stubbie ist in Australien eine Flasche mit einem Drittelliter Bier. Das Stubbie im heißen und immer durstigen Darwin faßt hingegen 2,25 Liter. Daß die kleinen Bierbüchsen aber dennoch populärer sind, ist nicht zuletzt dem größten Fest der Stadt zu verdanken: Im August findet in der Fannie Bay die »Darwin Beer Can Regatta« statt. Dabei sind alle Boote, vom schlichten Floß bis zur nachgebauten Galeone, ausschließlich aus verschweißten Bier- und Saftbüchsen gebaut. Deshalb heißt es auch an Darwins Tresen oft, wenn eine neue Runde frostkalter Bierbüchsen geordert wird: »Just to save the regatta«.

Darwin

Karte: Seite 112/113, Planquadrat A 4.
Anreise: Reisende aus Europa können in Asien umsteigen in direkte Anschlußflüge nach Darwin. Von dort werden alle australischen Großstädte und alle Städte des Territory direkt angeflogen. Touristen können von Darwin aus auch Ziele wie den Kakadu National Park, das Arnhemland oder die Tiwi Islands erreichen.
Auf dem Landweg kommt man nur über den Stuart Highway nach Darwin. Die Straße durchquert den Erdteil von Süd nach Nord, die Strecke von Adelaide nach Darwin ist 3000 km lang. Von Alice Springs, der zweitgrößten Stadt des Territoriums, sind es bis Darwin 1500 km. Viele Jahrzehnte war sie ein Traum, jetzt ist sie Wirklichkeit geworden – die Bahntrasse von Alice Springs nach Darwin. Nun kann der große Wüstenzug »The Ghan« die kompletten 2979 km von Adelaide bis ins Top End zurücklegen – und das in nur wenigen Tagen.
Unterkunft: Zu den angenehmen Adressen in der City gehören das um zwei Pools herumgebaute »Mirambeena Tourist Resort« (64 Cavenagh St, Tel. 08/ 89 41 07 55) und das teure »Novotel Atrium« an Darwins Seepromenade (100 The Esplanade, Tel. 08/89 41 07 55). Beide Hotels gehören zur oberen Mittelklasse.
Sehenswürdigkeiten: Zur Einstimmung ist das Museum des Northern Territory (Conacher St, Fannie Bay) geeignet, weil es neben der Geschichte der Stadt auch die Kultur der Aborigines schildert. Eine Sonderschau beschreibt die Zerstörungen durch den Wirbelsturm »Tracy«. Weitere interessante Sammlungen sind das Fannie Bay Gaol Museum (East Point Rd, Fannie Bay), ein einstiges Gefängnis, und das Australian Aviation Heritage Center (557 Stuart Highway, Winnellie) mit einem B-52-Bomber der US-Luftwaffe. Alle Museen sind täglich von 9.30–17 Uhr geöffnet.
In den letzten Jahren hat Darwin einen alten Hafenpier für Einheimische und Touristen umgebaut. Am Eingang der Stokes Hill Wharf fanden die Australian Pearling Exhibition und das Korallenaquarium der Indo Pacific Marine (beide tgl. geöffnet) ihre Räume. Nach Broomes Vorbild entstand an dem Pier auch ein Deckchair Cinema mit Liegestühlen unter freiem Himmel (April–Nov., Mi–So).
Auch wenn der Wirbelsturm »Tracy« einen Großteil Darwins zerstört hat, gibt es doch noch genügend geschichtliche Zeugnisse für einen »Historical Walk«; entsprechende Unterlagen sind im Touristikbüro erhältlich. Eine Attraktion ist Aquascene (Doctors Gully Rd): Mit der Flut kommen dort Hunderte Fische ans Ufer und lassen sich füttern. Die wechselnden Zeiten erfährt man unter Tel. 89 81 78 37. Wer sich für größere Wasserbewohner interessiert, ist im Crocodylus Park (McMillans Rd, Berrimah) bei Krokodilen aller Größen richtig. Pflanzenfreunde werden die Darwin Botanical Gardens (Gardens Rd) mit einer der größten Palmenkollektionen auf der südlichen Erdhalbkugel vorziehen. Auch diese Attraktionen sind tgl. geöffnet.
Ausflüge: Eine ältere Krokodilfarm lädt 36 km südlich von Darwin (Stuart Highway, Noonamah) Besucher ein; 57 km von Darwin entfernt liegt der Territory Wildlife Park (Cox Peninsula Rd, Berry Springs), ein 400 ha großes Areal mit den Tieren der Region; attraktiv sind die Flugvorführungen der Raubvögel. Besuche auf den Inseln Bathurst und Melville vor Darwin sind für Touristen nur auf organisierten Touren möglich. Die Inseln werden von Tiwi Islanders bewohnt, Aborigines, die sich eine besondere Kultur erhalten haben. Zu den Programmen gehören Besuche im kleinen Missionsmuseum und Inselrundfahrten. Bei mehrtägigen Programmen mit Übernachtung in einem komfortablen Zeltcamp führen Aborigines durch den Busch.
Hauptziel vieler Besucher im hohen Norden ist der Kakadu N. P., ein weites Tiefland vor der Felsenstufe des Arnhemlandes. Der Park steht in der Regenzeit kilometerweit unter Wasser und ist von Wasserlilien überwuchert. In der Trockenzeit lassen sich Krokodile und andere Tiere an den Wasserlöchern besser beobachten, dann sind auch alle Straßen passierbar. Im Nationalpark sind jahrtausendalte Felsmalereien der Aborigines zu sehen, Höhepunkte bilden die Felsen von Nourlangie und Ubirr. Im Hauptort Jabiru kann eine Uranmine besichtigt werden, dort befinden sich auch die meisten Unterkünfte. Auffällig ist das wie ein Krokodil aussehende »Gagadju Crocodile Hotel« (Tel. 08/89 79 28 00). Auf dem Weg zum Kakadu National Park lohnt sich ein Stopp beim »Window of the Wetlands«, einem guten Informationszentrum für die Überflutungsgebiete. Ein anderes attrakives Ausflugsziel ist südlich von Darwin der Litchfield N. P. (Wasserfälle, Badeseen).
Aussehen: Als Attraktion hat sich die Stokes Hill Wharf mit ihren Restaurants erwiesen: Man sucht sich an den Ständen aus, was einem schmeckt, und sitzt im Freien oder in der offenen Halle. Am Wochenende gibt es oft musikalische Unterhaltung. Im Park beim Spielkasino und »MGM Grand Hotel« wird von April bis Ende Sept. jeweils samstags zum Sonnenuntergang ein Jazzkonzert veranstaltet.
Veranstaltungen: Darwin hat einen besonders vielfältig bestückten Festivalkalender. Ein Höhepunkt ist die Beer Can Regatta, bei der im August Wasserfahrzeuge aller Art, gebaut aus leeren Bierbüchsen, an den Start gehen.
Information: Tourism Association, Mitchell St, Tel. 08/89 36 24 99, www.tourismtopend.com.au.

REISE-INFO
NORTHERN TERRITORY

»Gagadju Crocodile Hotel« in Jabiru

Katherine

Karte: Seite 112/113, Planquadrat A 5.
Anreise: Katherine hat einen Flughafen, auf dem auch kleinere Jets landen können. Auf der Straße ist Katherine über den Stuart Highway und von Western Australia über den Victoria Highway zu erreichen. Bis Darwin sind es 314 km.
Unterkunft: In der Stadt liegt das gepflegte »Pine Tree Motel« (3 Third St, Tel. 08/89 72 25 33). Komfortabel ist auch das südl. der City gelegene »All Seasons Frontier Katherine« (Stuart Highway, Tel. 08/89 72 17 44).
Sehenswürdigkeiten: Die Hauptattraktion sind die Katherine Georges im 30 km

Kakadu National Park: Krokodilbeobachtungsfahrt über den Yellow-Water-Fluß bei Cooinda

entfernten Nitmiluk N. P. – 13 Schluchten mit bis zu 70 m hohen Steilwänden. Der Park ist am besten per Boot oder Kanu zu erkunden. Die Boote warten in den verschiedenen Schluchten, zwischen ihnen liegen kurze Fußmärsche. Die Touren sind zwei bis sechs Stunden lang, die Tagestouren sind etwas strapaziöser. Das Katherine Museum zeigt unter anderem das Flugzeug, mit dem Clyde Fenton, der berühmteste der fliegenden Doktoren, seine Patienten im Outback besuchte (Mo–Fr 10–16, Sa 10–14, So 14–17 Uhr). 8 km vor Katherine zweigt der Weg zum Springvale Homestead ab. Der historische Bauernhof ist nun Teil eines Touristenzentrums, das unter anderem nächtliche Krokodil-Beobachtungstouren anbietet. 30 km südlich der Stadt liegen die Tindal Caves. Die Höhlen können unter Führung besichtigt werden. 110 km südl. von Katherine biegt bei Mataranka die Straße zu den Quellen des Mataranka Homestead ab. Der palmenumstandene Pool bietet eine Erfrischung, Duschen befinden sich im Touristenzentrum.
Information: Katherine Visitors Information Centre, Stuart Highway/Lindsey Terrace, Tel. 08/89 72 26 50 (Mo–Fr), www.krta.com.au.

Tennant Creek

Karte : Seite 112/113, Planquadrat C 5.
Anreise: Tennant Creek ist über den Stuart Highway zu erreichen und 936 km von Darwin entfernt. Die Stadt verfügt über einen regionalen Flughafen.
Unterkunft: In Tennant Creek stehen drei Motels, ein Homestead mit Gästezimmer und eine Backpacker-Unterkunft zur Auswahl. Die beste Adresse ist das »Bluestone Motor Inn« (Paterson St, Tel. 08/89 62 26 17). Angenehm ist auch das »Safari Lodge Motel« (Davidson St, Tel. 08/89 62 22 07).
Sehenswürdigkeiten: In der restaurierten Gold Stamp Battery kann man erleben, wie einst das Golderz zerstoßen wurde, um an das Edelmetall zu gelangen (Führungen tgl. April–Okt.). In der Nähe liegt die 1985 aufgegebene Grube der Nobles Nob Mine. Abends gibt es Führungen zur Dot Gold Mine, der Besitzer erzählt beim Lagerfeuer Outback-Stories. Das Touristikbüro organisiert Touren, auf denen man mit Metalldetektoren Gold suchen kann. Auch das National Trust Museum in der Innenstadt (tgl. April–Okt.) widmet sich der Gold-Geschichte des Ortes.
Ausflug: Der Stuart Highway führt 110 km südlich von Tennant Creek durch das Gebiet der Devil's Marbles hindurch. Wind und Wetter haben über Jahrtausende diese meterhohen roten und runden Steine geschaffen. Für die Aborigines sind die »Teufelsmurmeln« Eier der sagenhaften Regenbogenschlange, einem der ältesten religiösen Symbole der Welt.

Wandbild in der Outback-Metropole Alice Springs

Ayers Rock

Karte: Seite 112/113, Planquadrat D 4
Siehe auch HB-Bildatlas 273 Australien – Osten · Sydney; hier ist der Region ein Kapitel gewidmet.
Anreise: Die meisten Besucher kommen per Flugzeug aus Alice Springs der Hauptstadt des Outbacks. Auf dem Landweg ist der Inselberg über einen Abzweig vom Stuart Highway bei der Gaststätte Erldunda zu erreichen (Lasseter Highway).
Unterkunft: In der Hochsaison ist rechtzeitige Buchung dringend empfohlen. »Sails in the Desert Hotel«: Komforthotel mit preisgekrönter Architektur. »Emu Walk Apartments«: großzügig ausgestattete Apartments. »Spinifex Lodge«: preiswerte Unterkunft. Zentrale Reservierungsstelle: Tel. 08/89 56 21 23, Fax 08/89 56 31 36.
Sehenswürdigkeiten: Ranger bieten Touren zu unterschiedlichen Themen an z. B. »Mala Walk« (Entstehung und mythologische Bedeutung) und »Liru Walk« (Einblicke in die traditionelle Lebensweise der Ureinwohner). Wanderungen in kleinen Gruppen organisiert u. a. »Uluru Experience«. Diverse Anbieter von Rundflügen über den Felsen, Ballonfahrten und vielen anderen Touren. Der Aufstieg auf den Ayers Rock ist schwierig und nicht ungefährlich. Die Aborigines bitten darum, ihr Heiligtum nicht zu besteigen.
Ausflug: Zu empfehlen ist eine Wanderung durch die Olgas, 36 heilige Felskuppeln, 30 km vom Ayers Rock entfernt.
Information: Visitors Centre, Tel. 08/89 56 22 40; Ranger St und Cultural Centre, Tel. 08/89 56 22 99, www.deh.gov.au.

Hauptstadt auf der grünen Wiese

Canberra

Wir haben die einzige Hauptstadt der Welt, in der die Bürger ihren Politikern wirklich aufs Dach steigen können« – kein Touristenführer läßt sich in Canberra, der australischen Bundeshauptstadt, diesen Scherz entgehen. Meist weist er dabei auf die grünen Rasenflächen, die sich vom Boden bis zur abgerundeten Dachkuppe des australischen Parlamentsgebäudes erstrecken und von jedermann betreten werden dürfen. Darüber erhebt sich eine Konstruktion aus mächtigen Stahlrohren, an der eine überdimensionale australische Flagge flattert. Mit dieser grasbewachsenen Dachkonstruktion fügt sich das weiße Marmorgebäude harmonisch ein in den Hügel, auf dem schon in den ersten Planungen für die Hauptstadt das Parlament entstehen sollte. Daß dies erst 87 Jahre nach Gründung des Staates Australien geschah, ist eine typisch australische Geschichte von Schlendrian und Geldmangel.
1988, zur 200-Jahr-Feier Australiens, wurde der eindrucksvolle und in seiner Art weltweit einzigartige Bau eröffnet. Das Jubeldatum bezog sich auf die Landung der ersten Häftlinge und die Gründung der ersten festen Siedlung in Sydney 1788. Aus der Kolonie New South Wales wurden im Lauf der Jahre mehrere einzelne Kolonien, die sich nach jahrelangen Diskussionen 1901 zum Bundesstaat Australien zusammenschlossen.
Sydney und Melbourne buhlten damals um den Hauptstadt-Rang. Der Streit endete mit einem Kompromiß: Die Hauptstadt sollte auf der grünen Wiese zwischen den Rivalinnen entstehen. Der Regierungssitz sollte »mindestens hundert Meilen von Sydney entfernt« sein.
Die Hauptstadt Victorias konnte anfangs dennoch die Regierung in ihren Mauern begrüßen, mehr als zwei Jahrzehnte lang wurde Australien von Melbourne aus regiert. Es sollte bis 1927 dauern, ehe das erste »provisorische« Parlamentsgebäude in Canberra zur Verfügung stand. Das »Provisorium« diente den Politikern gut 60 Jahre lang. Heute ist das alte Parlament eine Ausstellungshalle, es soll eventuell zu einem Politik-Museum ausgebaut

Tiwi-Grabstelen in der Nationalgalerie

werden. Der Standort wäre gewiß richtig, denn hier im »Parlamentarischen Dreieck« um den Parkes Place gibt es bereits einige vorzügliche Museen. Das neue Parlamentsgebäude, die Nationalbibliothek und die Nationalgalerie bilden die Eckpunkte dieser Politik- und Museumslandschaft.
Sie ist Teil des Konzepts, mit dem Walter Burley Griffin zum Beginn des 19. Jahrhunderts den internationalen Architektenwettbewerb zum Bau der Hauptstadt gewann. Der Amerikaner hatte den Bauplatz im Hügelland südwestlich von Sydney nie gesehen, aber weil die Australier nach amerikanischem Vorbild ihrer Kapitale ein eigenes Staatsgebiet, das Australian Capital Territory (ACT), gaben, lehnte Griffin seinen Entwurf an die ursprünglichen Pläne für Washington D. C. an. Sein System aus Dreiecks-Achsen und Kreisen ist nicht nur auf dem Stadtplan gut erkennbar. Der Stausee, der heute in Canberra die Geschäfts- und Wohnquartiere vom Regierungsviertel trennt, wurde nach dem Architekten benannt.
Canberra galt den – an Politik nur mäßig interessierten – Australiern lange Zeit als »Pollyyard«, und das in doppelter Bedeutung. Ein »Polly« ist für die Aussies, die Großmeister der Abkürzungen, ein Politican. Und »Yard« darf man in diesem Fall durchaus als Kurzform von Graveyard, Kirchhof, werten. Friedhofsstille herrsche eben in dieser Stadt, in der die Politiker eher für sich als für ihr Land werkelten. Dieses Vorurteil erfreut sich weiterhin großen Zuspruchs.
Anders ist es mit der Einschätzung, daß Canberra einer gut gepflegten, aber doch sterbenslangweiligen Grünanlage gleiche. Bis tief in die siebziger Jahre hinein war diese Bewertung nicht ganz unberechtigt. 1978 schrieb der australische Schriftsteller Donald Allan Dunstan: »Canberra könnte eine große Schönheit sein. Aber der Stadt fehlt etwas. Sie ist wie eine teuer frisierte, gekleidete und geschminkte Frau, gut erzogen und höflich – aber frigide.«
In einer Kommune, in der 65 Prozent aller Arbeitsplätze von der Regierung gestellt werden, kann man wohl nie ein Übermaß an urbanem Trubel erwarten. Aber inzwischen wird die »Stadt aus der Retorte« allmählich zu einem lebendigen Gemeinwesen. Sie hat zum einen mit 260 000 Einwohnern die nötige Größe erreicht, zum anderen leben mittlerweile viele Menschen in Canberra, die dort auch geboren wurden und somit Hei-

Vom Mount Ainslie bietet sich ein guter Ausblick auf Canberra und die beiden Parlamentsgebäude

Der Captain Cook Memorial Water Jet auf dem Lake Burley Griffin vor der National Library

matgefühle für die neue Stadt entwickeln konnten. Und da auch die Universität floriert und die Studenten für ihre Art des Nachtlebens sorgen, gehen nach Büroschluß nicht mehr alle Rolläden runter. Inzwischen sind in der Stadt alle nur denkbaren »ethnischen« Küchen vertre-

1,1 Milliarden Dollar kostete das neue Parlament

ten, so »Lotus Indian« (Sydney Building) mit indischen Spezialitäten oder »Mamas Trattoria« (Garema Arcade) mit italienischer Küche. Als rustikales Outback-Pub präsentiert sich »Gundaroo Pub« (1 Mugga Lane). Shopping-Vergnügen bietet die »Westfield Shoppingtown«, eines der größten Einkaufszentren im Lande.

Unter Botschaftern aus aller Welt ist die Stadt mit dem hohen Lebensstandard und den vielen Bäumen ein begehrter Posten für das Karriereende, verheißt er doch problemfreie Kontakte und ein gutes Leben mit hohem eizeitwert. Zum Meer sind es 100 Kilometer, und dank der Snowy Mountains quasi vor der Haustür bietet Canberra auch eine der wenigen Möglichkeiten zum Skilaufen auf dem Fünften Kontinent.

Diese vorteilhafte Lage und neue Sehenswürdigkeiten haben Canberra auch zu einem Touristenziel gemacht. Die Palette der Sehenswürdigkeiten, von denen sich die meisten zwischen Capitol Hill und City Hill befinden, reicht von einem Technickmuseum »zum Anfassen« (King Edward Tce). über die National Botanic Gardens mit der australischen Pflanzenwelt (Black Mountain) bis zum National Film and Sound Archiv mit seinen Filmprogrammen (McCoy Circuit).

Etwas befremdlich ist für Ausländer das Australian War memorial (ANZAC Parade), ein bedrückender byzantinischer Bau, der jährlich von mehr als einer Million Menschen besucht wird. In diesem Museum hat man den Eindruck, der Krieg werde eher verherrlicht als abschreckend dargestellt. Die Popularität dieser Sammlung ver-steht man erst, wenn man weiß, daß die Australier ihre nationale Indentität und ihre Loslösung vom britischen »Mutterland« erst durch einen verlustreichen, militärisch unsinnigen Einsatz im Ersten Weltkrieg beim türkischen Gallipoli erlangten.

Seit Fertigstellung des neuen Parlaments steigen die Touristenzahlen in Canberra ständig. Mehr als 1,5 Millionen Besucher, vornehmlich Australier, streben nun jährlich in die Hauptstadt im Hinterland. Canberra war als Reiseziel durchaus nicht immer so begehrt: Als das erste Parlamentsgebäude 1927 feierlich eröffnet wurde, erwarteten die Politiker große Besucherscharen. Sie errichteten Zeltplätze für 13 700 Touristen. Es reisten aber weniger als tausend Menschen an. So viele strömen heute manchmal an einem Tag durch das neue Parlament.

Anreise: Von Sydney über den Hume Highway (Hwy 31; 4 Std. Fahrzeit). Die Bahn-Anreise von Sydney dauert etwa vier, von Melbourne rund sieben Stunden (teilw. Bus).

Unterkunft: »Tall Trees Motel« (21 Stephen St, Ainslie, Tel. 02/62 47 92 00).

Information: Tourist Information Centre, Dickson, 330 Nortborne Ave, Tel. 02/62 05 06 66, www.canberratourism.com.au.

Mit ihrer »Zelt-Botschaft« wollen die Aborigines auf ihre Forderungen hinweisen

Edle Tropfen vom Fünften Kontinent

Wein

Der erste Versuch ging daneben. Die Reben, die Captain Arthur Phillip aus Brasilien und Südafrika mitbrachte, als er 1788 mit den ersten Häftlingen im heutigen Sydney an Land ging, gediehen zwar prächtig. Aber ein anständiger Wein ließ sich aus ihnen nicht keltern. Phillip forderte deshalb Weinbau-Experten an – London schickte ihm zwei französische Kriegsgefangene, wohl in der Annahme, jeder Franzose wisse, wie man Wein anbaue. Die beiden hatten jedoch, wie Tom Stevenson in »Sotheby's Weinenzyklopädie« schreibt, keine Ahnung. Einer wurde postwendend zurückgeschickt, der andere versprach, wenigstens Cidre zu machen. Das gelang ihm leidlich, wenn er auch Pfirsiche statt Äpfel dazu nahm.

So ist es nicht verwunderlich, daß sich Australien schnell zu einem der größten Biertrinker-Länder der Welt entwickelte – ein Rang, den es noch heute hält. Inzwischen hatten zwar im kühleren Süden einige Winzer trinkbare Weine hervorgebracht, unter ihnen deutsche Protestanten aus Schlesien, die im Barossa Valley eine der erfolgreichsten Weinregionen des Kontinents begründeten. Aber Wein tranken dennoch relativ wenig Australier. Wer in einem Pub nach Wein verlangte, wurde bis in die achtziger Jahre hinein verspottet. Die Weine, die in jenen Jahren aus australischen Kellereien kamen, waren schwer, süß und klebrig. Die Produktion war auf Sherry, Muskat und Port konzentriert.

Barossa Valley: Kellermeister Max Harrison bittet in der Chapel Hill Winery zur Weinprobe

Das hat sich grundlegend geändert. Heute kann man auch in Outback-Kneipen nach Wein verlangen, ohne scheele Blicke zu ernten. Und sogar im Busch hat man gute Chancen, einen ordentlichen Wein vorgesetzt zu bekommen. Allerdings gibt es dort auch einen üblen »Plonk«, mit dem sich bedauernswerte Aborigines für ein paar Dollar betrinken. Generell sind Australiens Weine jedoch leichter und sehr viel besser geworden, nachdem die Winzer neue Weinberge angelegt und in moderne Produktionsmethoden investiert hatten.

Glücklicherweise blieben die Weine meist erschwinglich, obschon sie seit einigen Jahren serienweise Preise gewinnen, sogar in Frankreich und in den USA, wo es fremde Kreszenzen oft schwer haben. 1995 gelang es erstmals einem australischen Wein, dem »Penfolds Grange« von 1990, den ersten Platz unter den 100 besten Weinen der amerikanischen Zeitschrift »Wine Spectator« zu erringen. Wein wird in allen australischen Staaten angebaut, selbst im wüstentrockenen Northern Territory. Doch Hauptproduzent ist South Australia, das etwa 60 Prozent aller Weinberge sein eigen nennt. Inzwischen gibt es auf dem Fünften Kontinent rund 600 Weingüter in etwa 30 Weinbaugebieten. Die größten liegen im Hinterland von Melbourne und Adelaide: Barossa Valley, Coonawarra, Padthaway und Yarra Valley. Besonders renommierte Lagen finden sich in New South Wales (Hunter Valley, Mudgee), um Canberra (Riverina), in Victoria (Glenrowan, Rutherglen) und Western Australia (Swan Valley, Mount Barker, Margaret River). Die beliebtesten weißen Rebsorten sind Chardonnay, Sauvignon Blanc, Sémillon und Riesling, wobei vor allem die Chardonnay- und die Riesling-Reben immer beliebter werden. Unter den Rotweinen erfreuen sich die – auch in Frankreich geschätzten – Shiraz- und die Cabernet-Sauvignon-Reben besonderer Beliebtheit. Und weil Typenbezeichnungen wie »Burgundy« oder »Chablis« in Australien oft recht willkürlich benutzt werden, hält man sich in der Regel besser an die Rebenbezeichnungen.

Weinberge und Obstplantagen südöstlich von Perth bei Armadale

Süchtig nach Meer, Sand und Sonne

Strandleben

Wir lagen am Strand, den Rücken zur Sonne, die Wangen in den Sand gepreßt, um jene Mahagoni-Farbe zu erlangen, die den richtigen White Australian kennzeichnete«, schrieb Donald Horne über seine Jugend. »Wir wurden schnell karmesinrot, dann so schnell braun, daß die versengte Haut sich in

Kricket ist Volkssport

langen weißen Streifen löste. Vergnügt schälten wir uns gegenseitig ab, genossen das Piksen und gratulierten uns gegenseitig dazu, die Haut vom letzten Jahr loszuwerden.« Der Soziologe und Bestsellerautor schilderte, was jeder Australier kennt, denn für die Aussies ist der Slogan »Live is a Beach« fast ein Bekenntnis.

Um so härter traf es die sonnenverbrannten Männer und Frauen von Down Under, als ihnen die Ärzte Anfang der neunziger Jahre klarmachten, daß die Sonnensucht, das Ozonloch und die höchste Hautkrebsrate der Welt zusammengehörten. Es reicht eben nicht, Zinkpaste auf die Nase und Sonnencreme auf die Haut zu schmieren, wenn man den Strand zur zweiten Wohnung macht. Inzwischen sind die Australier etwas vorsichtiger, tragen mehr Hüte und Hemden, suchen mehr Schatten als einst und haben sogar Textilien erfunden, welche die schädlichen UV-Strahlen herausfiltern. Die traditionelle Strandkultur ist dadurch aber wenig verändert worden. Immer noch buttert Mutter die Weißbrotstullen, packt Tomaten und Grillhähnchen zu den Bier- und Limobüchsen in den Esky. Immer noch verstaut Vater diese Kühltruhe, mit der wohl kein Australier das Haus verläßt, zwischen Schwimmbrettern und Strandmatten im Kofferraum der Familienkutsche, wie eh und je schleppen die Jungen ihre ovalen Footy-Bälle und die Mädchen ihre Barbie-Puppen an – ein australisches Wochenende am Strand. Unabdingbar ist für alle das Kofferradio, um die Kricket-Spiele zu verfolgen, neu sind die Sonnenschirme, um die Krebsstrahlen abzuwehren.

Als Heroen der Strandkultur agieren vor allem an den stadtnahen Stränden die Life Savers. Die Gilde der Lebensretter ist erkennbar an ihren Badekappen, die mit einem Band unter dem Kinn festgebunden sind. Ihre größten Szenen haben sie, wenn es gilt, einen entkräfteten Schwimmer aus der See zu bergen und dabei die Rettungsboote durch die Brandung zu rudern. Nicht minder wichtig ist ihr wachsamer Ausguck nach den Flossen hungriger Haie, auch wenn die populärsten Strände mit Haifischnetzen gesichert sind. Um so erfreulicher sind die Auftritte der Rettungsschwimmerinnen und -schwimmer beim »Surf Carneval«, zu dem jeder bewachte Strand einmal im Jahr einlädt. Dann paradieren die jungen Frauen und Männer, die fast Kultstatus genießen, durch den Sand, um sich danach Wettkämpfen zu stellen. Viele erfolgreiche Triathlon-Sportler stammen aus den Reihen der Life Savers.

Strandwache bei Perth

Da Australien mit Stränden und Brandung reich gesegnet ist, mangelt es auch nicht an Surfern. Kein Land kann mehr Surf-Weltmeister vorweisen als Australien. Anfang der sechziger Jahre entwickelte sich die Balance auf dem Brett zu einem Massensport. »Der Strand war der heiligste aller Orte«, schrieben 1979 zwei Autorinnen in einem Buch namens »Pubertäts-Blues«. »Die Surfbretter der Jungs kamen vor allem anderen. Erst die Wellen, dann die Mädchen. Sie waren der See treu ergeben und wir ihnen.« Es gibt sie heute noch, diese bildhübschen Mädchen in knappen Tangas, die am Strand geduldig auf ihre wellenreitenden Helden warten. Aber es gibt inzwischen mindestens ebenso viele junge Frauen, die mit ihren eigenen Boards an der Beach erscheinen und nicht minder schneidig vor den Wellenkämmen dem Strand entgegenschießen. Und statt »First the waves then the babes« gilt für sie: »First the boards than the boys«.

Beach Volleyball wird mit Begeisterung an allen Stränden Australiens gespielt

Allgemeine Reise-Informationen

Der »Fünfte Kontinent« nimmt eine Fläche von fast 7,69 Mio. qkm ein und ist damit fast so groß wie die USA ohne Alaska. Australien ist zugleich der flachste und – nach der Antarktis – der trockenste Erdteil.

Der Kontinent ist unterteilt in sechs Bundesstaaten und das Northern Territory, das de facto Staatsrang hat. Die Staaten entstanden aus einzelnen Kolonien. Nachdem 1788 in Sydney die erste Kolonie New South Wales gegründet worden war, wurde Tasmanien 1825 die Nummer zwei, dann folgten Western Australia (1829), South Australia (1834) und Victoria (1851). Das Northern Territory entstand 1863 als Teil von Südaustralien und wurde 1911 von der Bundesregierung übernommen.

Die Staaten bilden bis heute ein starkes Gegengewicht zur Bundesregierung in Canberra. Das politische System ist nach britischem Vorbild geformt: Das Parlament hat zwei Kammern, das gesetzgebende Unterhaus (House of Representatives) und das Oberhaus (Senate). Die Abgeordneten werden nach Wahlkreisen gewählt, dieses Mehrheitswahlsystem führt dazu, daß sich praktisch zwei Gruppen, die Australian Labour Party und die konservative aus National und Liberal Party, in der Regierung ablösen. In den Staaten ist es ähnlich. Offizielles Staatsoberhaupt Australiens ist die britische Königin, die durch einen Generalgouverneur repräsentiert wird.

Aborigines

Für die Einreise in die Stammesgebiete der Ureinwohner bedarf es gesonderter Genehmigungen. Wo diese zu erhalten sind, wissen die örtlichen und regionalen Touristikbüros. Meist dauert es einige Tage, bis man die Genehmigung erhält.

Turkey Creek: Take-off zum Helikopter-Rundflug

Öffentliche Straßen, die durch Territorien der Aborigines führen, können ohne Genehmigung benutzt werden.

Adressen

Australisches Fremdenverkehrsamt, Neue Mainzer Str. 22, 60311 Frankfurt, Tel. 069/ 2 74 00 60, Fax 069/27 40 06 40, www.australia.com. Da das Büro der Northern Territory Tourism Commission nicht mehr existiert, gibt es hier auch Auskünfte über das Red Centre.

Queensland Tourism, Sonnenstraße 9, 80331 München, Tel. 089/23 17 71 77, Fax 089/2 60 35 30; South Australian Tourism Commission, Herzogspitalstr. 5, 80331 München, Tel. 089/23 66 21-39; Tourism Tasmania, Kleber PR Network, Höhenstraße 5, 61476 Kronberg, Tel. 06173/32 02 42, Fax 06173/32 02 43; Tourism Victoria, Bert-Brecht-Straße 5, 64354 Reinheim, Tel. 06162/8 55 50; Western Australian Tourism Commission, Uschi Liebl PR, Emil-Geis-Str. 1, 81379 München, Tel. 089/72 40 29 20, Fax 089/72 402 919.

Viele Websites bieten aktuelle Informationen über Wetter, Verkehr, politische oder gesellschaftliche Ereignisse in Australien. Reichhaltig: Yahoo mit mehr als 30 000 (allgemeinen) australischen Web-Adressen: www.yahoo.com.au. Lohnend sind auch das Tourismus Net: www.atn.com.au und die (kommerzielle) Seite www.australien-info.de, die über wichtige Tricks wie z.B. preiswertes Telefonieren oder Roaming mit dem Handy informiert, viele nützliche Links.

Anreise, Einreise

Von Deutschland gibt es tägliche Verbindungen nach Australien. Insgesamt wird der fünfte Kontinent von 30 internationalen Fluggesellschaften bedient. Die Flugzeit der Direktflüge über die Asienroute beträgt 22 bis 24 Stunden. Etwas länger ist die Westroute über die US-Westküste, etwa mit »Air New Zealand«. Die Strecke hat den Vorteil, daß man zwei Gepäckstücke mit jeweils maximal 32 kg mitnehmen kann. Ein Gepäckstück kann ein Sportgerät sein. Wegen der starken Konkurrenz auf den Routen zwischen Europa und Australien werden außerhalb der Hauptsaison (Dez./Jan.) oft Sondertarife angeboten. Deshalb lohnen sich Preisvergleiche.

Zur Einreise nach Australien sind ein gültiger Reisepaß und ein Visum notwendig. Australien stellt Touristenvisa elektronisch über viele Reiseveranstalter und Fluglinien parallel zu den Flugtickets aus.

REISEDATEN AUSTRALIEN

Flug von Deutschland	Inlandsverkehr	Reisepapiere	Devisen	Mietwagen	Benzin	Hotel	Ferienhaus	Menü	Einfaches Essen	Ortszeit	Bahnfahrt
Frankfurt/M.–Sydney ab 780 €	Busfahrt Sydney–Brisbane ab 42 €	Reisepaß mit gültigem Visum	1 € = 1,77 austr. Dollar ($A)	ab 55 € pro Tag (Versicherung, unbegrenzte Kilometer)	In der Regel 1 Liter: 0,50 €	Dz/Frühstück: Luxuskat.: ab 160 € Mittelklasse: ab 55 €	Hochsaison Woche ab: einfach 320 €, mittel 480 €, Luxus 940 €	3 Gänge mit Wein pro Pers. ab 28 €, Luxus ab 60 €	Takeaway (Mittags-Bufett) ab 4,80 €	MEZ/MESZ: + 10/8 Std. (Sydney)	»The Ghan« Melbourne–Darwin: 1490 $A Sleeper Cabin

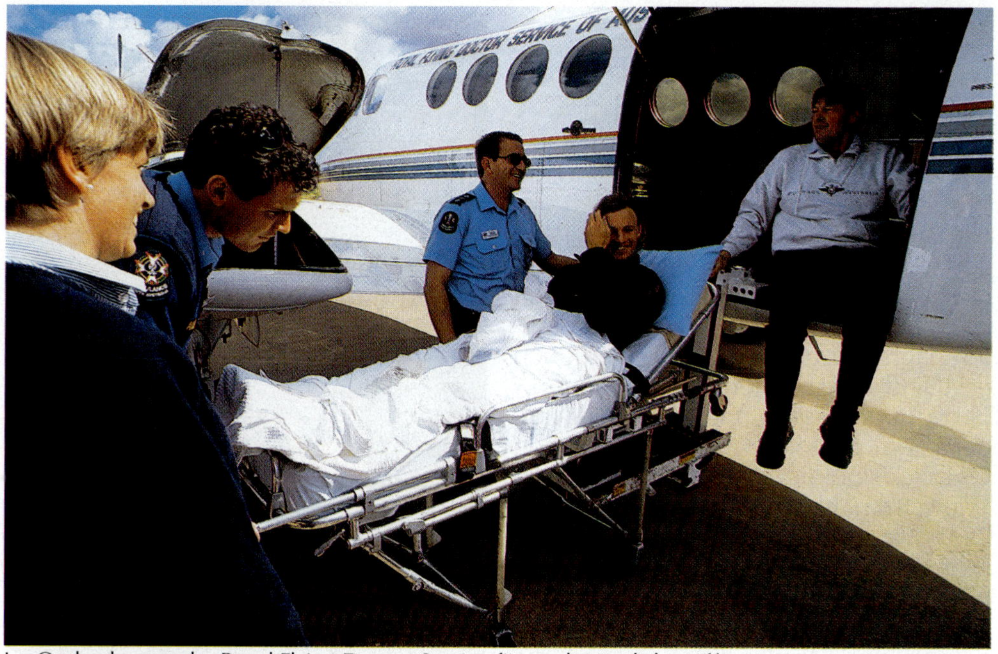

Im Outback sorgt der Royal Flying Doctor Service für rasche ärztliche Hilfe

Behinderte

Informationen über Reisemöglichkeiten für Behinderte erteilt das Australia Council for Rehabilitation of the Disabled, P.O. Box 60, Curtin/Canberra, ACT 2605, Tel. 02/62 82 43 33.

Botschaften, Konsulate

Für Deutschland und die Schweiz: Australische Botschaft, Wallstraße 76–79, 10179 Berlin, allgemeine Anfragen: Tel. 030/88 00 88 0, Fax 030/ 88 00 88 210. Offizieller Telefonservice für Visumanfragen: Tel. 0190/24 11 40 (Achtung – erhöhte Gebühr).
Für Österreich: Australische Botschaft, Matthiellistraße 2/III, 1040 Wien, allgemeine Anfragen: Tel. 01/50 67 40. Botschaft der Republik Österreich, 12 Talbot St, Forrest, Canberra, ACT 2603, allgemeine Anfragen: Tel. 02/62 95 15 33, Fax 02/62 39 67 51. Botschaft der Schweizerischen Eidgenossenschaft, 7 Melbourne Ave, Forrest, Canberra, ACT 2603, Tel. 02/61 62 84 00, Fax 02/62 73 34 28. Deutsche Botschaft: 119 Empire Circuit, Yarralumla, ACT 2600, Tel. 02/62 70 19 11, Fax 02/62 70 19 51.

Einkaufen

Wochentags sind die Geschäfte in der Regel von 9–17 Uhr geöffnet, samstags bis 13 oder 14 Uhr. In den Großstädten kann man in den City-Läden allerdings oft donnerstags oder freitags bis 21 Uhr einkaufen.
Warenhäuser wie »Woolworth« zu denen auch große Lebensmittelabteilungen gehören, sind oft bis spät in die Abenstunden geöffnet.
In einigen Großstädten kann man auch sonntags einkaufen, ansonsten offerieren allerorten die Milk Bars, in der Praxis kleine Lebensmittelläden, das ganze Wochenende über ihr Angebot.
Alkoholgeschäfte, die meist bei Pubs (werden oft als »Hotels« bezeichnet) zu finden sind, bleiben bis spät in die Abendstunden geöffnet. Bei vielen kann man mit dem Auto vorfahren, um die Getränke im Kofferraum zu verstauen.

Elektrische Geräte

Australische Steckdosen sind dreipolig, für mitgebrachte elektrische Geräte benötigt man Adapter. Viele Steckdosen haben auch einen Schalter, der die Stromzufuhr öffnet. Die Stromspannung beträgt 240/250 Volt.

»Geldfabrik« in Canberra

Feiertage, Ferien

Die großen Sommerferien fallen in Australien mit den Weihnachtsferien zusammen, in diesen 'Tegen und im Januar sind viele Unterkünfte und Verkehrsmittel ausgebucht. Kürzere Schulferien finden meist im April, in Juni/Juli oder September/Oktober statt; die Termine sind jedoch von Staat zu Staat unterschiedlich. Landesweite Feiertage sind der Neujahrstag, der Nationalfeiertag Australia Day am 26. Januar, der Karfreitag, der Ostersamstag und die beiden Weihnachtstage. Hinzu kommen Staatsfeiertage oder lokale Feste; der Labour Day wird zwar in ganz Australien gefeiert, aber zu unterschiedlichen Terminen.

Fotografieren

Filme und Kameras sind in Australien teurer als in Deutschland, größere Fotogeschäfte verkaufen Kameras an Ausländer gegen Vorlage von Ticket und Paß, aber mit Steuernachlaß. Bei Reisen im Outback sollte man die Kameras vor dem feinen Staub schützen. Beim Fotografieren ist auf das oft sehr intensive Licht zu achten, v. a. die Mittagszeit ist schwierig. Niedrigempfindliche Filme sind dehalb wegen der Farben und Schärfe erste Wahl.

Geld

Die Banken sind in der Regel Mo–Do von 9.30–16 Uhr geöffnet, Fr meist einoder zwei Stunden länger. In den internationalen Flughäfen werden die Wechselstuben zur Ankunft der Überseeflüge geöffnet, auch nachts.
Der australische Dollar (A$) ist in 100 Cents unterteilt. Im Umlauf sind Münzen zu 5c, 10c, 20c, 1 A$ und 2 A$; Banknoten zu 5 A$, 10 A$, 20 A$, 50 A$, 100 A$, 200 A$. Die Währung unterliegt verhältnismäßig großen Kursschwankungen (10–20 Prozent pro Jahr). Kreditkarten sind weit verbreitet, doch im Outback benötigt man dann und wann Bargeld. Man kann auch mit der EC-Karte Geld von Automaten abheben.

Gesundheit

Für Australien werden keine speziellen Impfungen verlangt, sofern man nicht aus Infektionsgebieten kommt. Die medizinische Versorgung entspricht mitteleuropäischem Standard, empfehlenswert

ist eine Auslands-Krankenversicherung. Im Outback helfen notfalls die Ärzte des Royal Flying Doctor Service.
Wegen der starken Sonneneinstrahlung raten die Ärzte zu Kopfbedeckungen, entsprechender Bekleidung und Sonnencremes mit hohen Schutzfaktoren (ab 15). Auch beim Schnorcheln sollte man sich schützen, da es selbst unter Wasser zu Verbrennungen kommen kann. Australien liegt teilweise im Bereich des antarktischen Ozonlochs, in dem die hautkrebsauslösenden UV-Strahlen wenig gefiltert zur Erde dringen. Für Touristen, die sich nur wenige Wochen im Land aufhalten, ist diese Gefahr jedoch geringer als für Einheimische.

Jet Lag

Wegen der großen Zeitverschiebung leiden fast alle Touristen in den ersten Tagen unter Jet Lag, das führt zu Müdigkeit und in extremen Fällen zu Übelkeit. Im Normalfall benötigt die innere Uhr jeweils etwa einen Tag, um zwei Stunden Zeitunterschied aufzuholen.

Kinder

Australien ist eines der kinderfreundlichsten Länder der Erde. Hotels, Busgesellschaften, Museen und Freizeitparks, Campingplätze, Bahnen und Fähren bieten Familientarife oder Spezialangebote – in der Regel für zwei Erwachsene und zwei Kinder unter 12 bis 15 Jahren. So fällt das Reisen mit den »Kleinen« nicht allzu sehr ins Gewicht.

Darwin	Temp. max.	Temp. min.	Wassertemp.	Regentage	Sonnenstd.
Januar	32°	25°	28°	20	6
Februar	32°	25°	28°	18	6
März	33°	25°	28°	17	7
April	33°	24°	28°	7	9
Mai	33°	23°	28°	2	10
Juni	31°	21°	26°	1	10
Juli	31°	19°	25°	1	10
August	32°	21°	25°	1	10
September	33°	23°	27°	2	10
Oktober	34°	25°	27°	6	10
November	34°	26°	28°	9	8
Dezember	33°	26°	28°	13	7

Quelle: Seewetteramt Hamburg

Klima, Reisezeit

Auf der südlichen Erdhalbkugel sind die Jahreszeiten gegenüber dem Norden »vertauscht«: Der Winter ist im Juli/August, der Sommer im Dezember/Januar. Das wird vor allem in der südlichen Hälfte Australiens mit ihren ausgeprägten Jahreszeiten deutlich. Aber auch dort sind – Tasmanien ausgenommen - die Sommer heißer und die Winter milder als in Mitteleuropa. Im trockenen Outback sind die Sommer heiß und die Wintermonate angenehm temperiert. Die Winternächte können allerdings sehr kühl sein, das Thermometer kann bis zur Frostgrenze fallen.
Nördlich des Tropic of Capricorn (Wendekreis des Steinbocks) beginnen die feuchtheißen Tropen, die zwischen Mai und Oktober eine trockene Periode (»Dry«) und zwischen November und März/April eine Regenzeit (»Wet«) erleben. In der Wet ziehen heftige Monsunregen über das Land, nicht befestigte Straßen sind dann meist unpassierbar, selbst asphaltierte Straßen sind dann bisweilen tagelang wegen Überflutung gesperrt.

Küche

Erst waren es die Einwanderer, die Australiens langweilige, von den Briten übernommene Küche kräftig würzten. Dann traten junge australische Köche auf, die mit den vorzüglichen Produkten des Landes experimentierten, mit Rind und Lamm, neuerdings auch mit dem

Melbourne	Temp. max.	Temp. min.	Wassertemp.	Regentage	Sonnenstd.
Januar	26°	14°	18°	5	9
Februar	25°	14°	18°	4	9
März	24°	14°	18°	6	7
April	20°	11°	17°	6	6
Mai	17°	8°	16°	9	5
Juni	14°	7°	14°	8	4
Juli	13°	6°	14°	9	5
August	15°	6°	13°	11	5
September	17°	8°	14°	10	6
Oktober	20°	9°	14°	9	7
November	22°	11°	15°	8	7
Dezember	24°	13°	17°	6	8

Kangaroo Island: Piste zum Cape Du Couedic

fettarmen Känguruhfleisch, mit frischem Gemüse und Früchten. Kurzum: In Australien kann man heute vorzüglich und vergleichsweise preiswert speisen.
Aber abseits der Städte bleibt es manchmal noch beim althergebrachten »Meat Pie with Tomato Sauce« oder beim gewohnten Steaksandwich.
Ähnliches gilt für die Weine: Es gibt exzellente und dennoch preiswerte Gewächse, aber im Busch auch manchmal billigen »Plonk«. Das Bier ist, wenngleich nicht nach Reinheitsgebot gebraut, überall ordentlich, es wird stets eiskalt serviert. Gezahlt wird nach jedem Glas oder jeder Büchse, viele lassen ihr Geld gleich auf dem Tresen liegen. Es ist üblich, sich nach einer Einladung zum Drink zu revanchieren.
Eine Besonderheit sind die BYO-Restaurants ohne Alkohollizenz (»bring your own«), die es auch in oberen Preiskategorien gibt. Ihr Vorteil: Man kauft seinen Wein oder Bier selber und preisgünstiger ein, überdies hat man seine Lieblingsmarke. Die Wirte verlangen meist einen kleinen Beitrag (2–5 A$) für das Kühlen und Öffnen der Getränke und Gläser (»Corkage«).

Literatur

Dem Osten des Kontinents widmet sich der HB-Bildatlas Nr. 273 »Australien – Osten · Sydney«.
Wer sich detaillierter über Geschichte, Politik und Wirtschaft Australiens informieren

will, muß zu englischsprachiger Literatur greifen. Ein Geschichts-Standardwerk ist Manning Clarks »History of Australia«. Dieses Werk ist in einer vierbändigen Ausgabe, aber auch in kürzeren und illustrierten Fassungen und sogar als Taschenbuch erschienen. Leicht lesbar und gut illustriert ist »The Story of the Australian People« von Donald Horne, einem ähnlich berühmten Wissenschaftler, der die Landesgeschichte auch aus Sicht der »kleinen Leute« betrachtet. Geoffry Blainey beschäftigt sich in seinem gut lesbaren Sachbuch »The Tyranny of Distance« mit Australiens Randlage und seinem geringen Einfluß in der Welt.

Wer sich Australien literarisch nähren und zugleich den einzigen Literatur-Nobelpreisträgers des Landes (1973) kennenlernen will, sollte den Roman »Voss« lesen. In ihm hat Patrick White die Geschichte des deutschen Forschers Ludwig Leichhardt geschildert, der bei einer Durchquerung Australiens mit seiner ganzen Expedition spurlos verschwand (z. Zt. nur in englischer Sprache im Buchhandel). Weitere Werke des Nobelpreisträgers: »Risse im Spiegel«, »Die Verbrannten«, »Im Auge des Sturms«.

Sehr geschichtsträchtig auch: der Roman »Südland«, verfaßt von der Historikerin Patricia Shaw (Bastei-Lübbe), der die Eroberung des Fünften Kontinents durch europäische Siedler über mehr als 100 Jahre hinweg beschreibt. Ein Muß ist der große Roman »Jenseits von Babylon« des faszinierenden Schriftstellers David Malouf (dtv), denn die Geschichte des Schiffsjungen Gemmy Fairley, der zuerst jahrelang unter Aborigines lebt und dann in die Welt der Weißen zurückkehrt, berührt ein ganz zentrales Motiv der australischen Gesellschaft: den Verlust der Identität (durch die Verbannung der Vorfahren aus England).

Maße und Gewichte

Die Entfernungen werden in Kilometern angegeben, an den Tankstellen wird der Treibstoff literweise abgegeben – Australien hat sich vor einigen Jahren für das metrische System entschieden. Nur gelegentlich tauchen einige alte Maße aus kolonialen Tagen noch auf.

Medien

Die staatliche Rundfunk- und Fernsehorganisation Australian Broadcasting Corporation (ABC) ist nahezu überall in Australien zu empfangen. Daneben gibt es mehrere große Privatfernsehsender, vor allem Channel 7 und Channel 9. Der ebenfalls staatliche TV-Sender SBS sendet in den Sprachen der größten Einwanderergruppen, darunter sind auch deutschsprachige Programme. In Alice Springs gibt es ferner den von Aborigines betriebenen Fersehsender Imparja, der in einem großen Teil des Outbacks zu empfangen ist. Er sendet Nachrichten und aktuelle Programme in den Sprachen der Aborigines, aber auch englischsprachige Unterhaltungsprogramme.

Neben den staatlichen Radioprogrammen gibt es zahlreiche regionale und lokale Privat-Rundfunkstationen, oft auch in Outbackstädten.

Der Zeitungsmarkt ist stark regional organisiert und wird von wenigen Verlagskonzernen kontrolliert. Die einzige in ganz Australien vertriebene Zeitung ist der »Australian«. In der Regel sind aber die größten Zeitungen der jeweiligen Staatshauptstädte überall im Staat erhältlich. Eine der besten Zeitungen des Landes ist »The Age« aus Melbourne. Daneben gibt es in allen Staaten relativ umfangreiche Sonntagszeitungen.

Nationalparks

Neben den in den einzelnen Kapiteln vorgestellten Nationalparks gibt es eine Reihe weiterer kleiner Parks. Insgesamt zählt man 2000 Nationalparks und Wildreservate. Auskunft über sie erhält man bei den regionalen Touristikbüros. Diese verweisen auch auf die Außenstellen der Umweltministerien, falls solche in der Nähe vorhanden sind. Weitere Auskunftsstellen: Australian Nature Conservation Agency (GPO Box 636, Canberra ACT 2601), Victorian Department of Natural Resources and Environment (GPO Box 41, East Melbourne, VIC 3002), Tasmanian Department of Environment and Land Management (GPO Box 44a, Hobart, TAS 7001), South Australian Department of Environment and Natural Resources (GPO Box 1047, Adelaide, SA 5001), Parks and Wildlife Commission of the Northern Territory (PO Box 496, Palmerston, NT 0831), Western Australian Department of Conservation and Land Management (Locked Bag 104, Bentley Delivery Centre, WA 6983).

Outback

Fahrten im Outback bedürfen einiger besonderer Vorbereitungen und Vorsichtsmaßnahmen. Das gilt nicht für gut ausgebaute und relativ viel befahrene Straßen wie den Stuart Highway, auf denen spätestens alle 30–60 Minuten ein Auto vorbeikommt. Aber auch hier sind die Roadhouses bisweilen 200–300 km voneinander entfernt, entsprechend oft sollte man tanken.

Wer aber abseits dieser Straßen über Pisten fahren will, ist meist mit einem allradgetriebenen Wagen besser bedient als mit einem normalen Pkw. Fast alle Mietwagenfirmen verbieten es mit Autos ohne Four-Wheel-Drive (4WD) vom »Bitumen«, von der asphaltierten Strecke abzuweichen. Wer über die »Tracks«, die Outbackpisten, fahren will, sollte möglichst Klappspaten und Aluminiumschienen bei sich führen, um sein Fahrzeug

Australien mit eigener Kraft: Radfahrer unterwegs beim Ayers Rock im Herzen des Outback

notfalls aus dem Sand oder dem Schlamm frei zu bekommen. Oft hat sich auf Bushtracks ein wellblechartiger Belag geformt, der sehr ermüdend ist beim Fahren. Wo die Piste derart »corrugated« ist, fährt man am besten mit etwa 60 km/h, um einigermaßen auf den Kuppen der Erdwellen zu bleiben. Auf Tracks sollte man auch besonderen Respekt vor den »Road Trains« walten lassen. Diese Lastwagenzüge wirbeln enorme Staubwolken auf, in denen nicht nur das Überholen, sondern auch das Passieren beim Entgegenkommen gefährlich ist.

Bevor man auf selten befahrene Strecken geht, sollte man auch die örtliche Polizeistation informieren, damit die Beamten gegebenenfalls zielgerichtet suchen können. Wenn man unterwegs eine Panne hat, soll man in jedem Fall bei seinem Auto bleiben. Versuche, zu Fuß Hilfe zu holen, enden in der Hitze oft tödlich. Autos sind bei der Suche aus der Luft auch leichter zu erkennen als Menschen, überdies spenden die Wagen Schatten. Enorm wichtig ist es, immer genug Wasser mit an Bord zu haben. Der Proviant sollte für abgelegene Strecken etwa 10 l pro Tag und Person betragen.

Etwa alle hundert Kilometer steht am Stuart Highway von Adelaide nach Darwin ein Notfall-Telefon

Post, Telefon

Für internationale Pakete, Päckchen, Briefe und Karten gibt es grundsätzlich drei Versendungsarten: Air Mail (Laufzeit nach Europa sieben Tage, teuer), Economy Air (Laufzeit nach Europa sieben bis zehn Tage, preiswerter) und Sea Mail (Frachtschiff, Laufzeit bis zu drei Monaten, sehr preiswert). Details finden sich in dem Faltblättchen »International Post« der »Australia Post«.

Das Mobil-Telefonnetz in Down Under ist erstaunlich dicht, selbst im Kakadu Nationalpark kann man problemlos das Handy betreiben. Wer ein Handy von Deutschland aus mitnimmt, stelle es vor dem Abflug auf die Mailbox um. In Australien kann man, z.B. über die Telefongesellschaft Optus in jeder Niederlassung einen »pre paid Mobile Service« mit einer eigenen Telefon-Nummer bekommen – und zu sehr günstigen Tarifen telefonieren. Man tausche nur die SIM-Card im Mobil-Telefon aus.

Telefonzellen: Wer für das Gespräch eine Zelle mit dem Emblem IDD (International Direct Dialing) wählt, bekommt eine fantastische, allerdings auch teure Satelliten-Verbindung nach Übersee.

Wichtige Vorwahlen: Deutschland: 0011-49-Ortsnetzkennzahl ohne 0. Österreich: 0011-43-Ortsnetzkennzahl ohne 0. Schweiz: 0011-41-Ortsnetzkennzahl ohne 0. Wer von Mitteleuropa aus in Australien anrufen möchte, wählt 0061-Ortsnetzkennzahl ohne 0.

Sicherheit

Australien ist ein recht sicheres Reiseland, aber natürlich hat es auch seinen Anteil an Kriminalität. Dagegen hilft der gesunde Menschenverstand: Touristen sind gerne das Ziel von Taschendieben, in Hotelzimmern sind Wertsachen, auch versteckte, nicht sicher aufgehoben. Kamerataschen und ähnliche Dinge sollten nicht offen im Auto liegen. Bargeld sollte man nur in kleinen Beträgen mit sich tragen, ansonsten sind Reiseschecks und Kreditkarten die bessere Alternative. Tramper, insbesondere Tramperinnen, sollten nicht allein reisen. Die einheitliche Notrufnummer ist 000.

Sport

Wandern: In dem Land mit seinen 2000 Nationalparks und Wildreservaten gibt es ausgezeichnete Wandermöglichkeiten in den verschiedensten Landschaften. Nützliche Tips in Form von Karten- und Informationsmaterial bieten die Nationalpark- und Wildlife Services.

Einer der schönsten und bekanntesten Wanderwege befindet sich auf Tasmanien (Overland Track Cradle Mountain/Lake St. Clair, 80 km, etwa 5 Tage). Berühmt ist auch der Heysen Trail, der in South Australia von der Küste über mehr als 1500 km bis ins Outback führt. Zu den bekannten Fernwanderwegen gehört auch der 640 km lange Bibbulman Traci von Perth nach Walpole an der Südküste von Western Australia. Kürzere Routen empfehlen die örtlichen Bushwalking Clubs (Adressen über die Tourist Offices).

Wassersport: Die Palette ist vielfältig: Segeln, Wellenreiten, Tauchen, Schnorcheln sind an vielen Küsten möglich. Tauch- und Schnorchelausrüstungen, Boote, Windsurfer oder Surfbretter können vielerorts ausgeliehen werden. Taucher finden bei Exmouth (Ningaloo Reef) ein hervorragendes Revier. Am Dangerous Reef bei Port Lincoln in South Australia können Taucher in Schutzkäfigen Weiße Haie beobachten. Erfahrene Taucher steigen an Victorias »Shipwreck Coast« bei Port Campbell zu den vielen Wracks hinab.

Radfahren: Fahrräder kann man in allen Städten und touristischen Zentren mieten. Radwege in den größeren Städten.

Golf: Viele Golfplätze stehen Gästen gegen Gebühr (»Green Fee«) offen, auch die Ausrüstung wird ausgeliehen.

Zuschauersport: Besonders populär: »Footy« (Football Australian Rules), ein rugbyartiges Spiel, das sich aus dem Gaelic Football der irischen Einwanderer entwickelt hat. Höhepunkt ist das Meisterschaftsendspiel (Ende Sept./Anfang Okt.) in Melbourne. Kricket dieses traditionsreiche britische Spiel wird ebenfalls mit

Rasenbowling, ein britisches Erbe, wird besonders von älteren Sportlern geschätzt

viel Begeisterung verfolgt. Das größte Kricket-Stadion der Welt befindet sich in Melbourne. Beliebt sind zudem Segelregatten, Autorennen (Melbourne: Formel 1, Großer Preis von Australien/März), Pferderennen (Melbourne Cup/Nov.), Tennis (Melbourne: Australian Open/Jan.).

Sprache

Der riesige Kontinent kennt zwar keine unterschiedlichen Dialekte bei der englischsprechenden Bevölkerung, aber dafür ist die australische Variante des Englischen selber sehr eigenwillig. Typisch ist es, jedes Wort, das länger als zweisilbig ist, abzukürzen und zugleich zu verniedlichen sowie neue Wörter zu erfinden.
Die Aborigines haben ein Sprachsystem, das mit keiner anderen Sprachfamilie in der Welt verwandt ist. Wissenschaftler gehen heute von rund 200 verschiedenen Aboriginessprachen aus, die ihrerseits wieder Dialekte haben. In der Regel können sich nur Aborigines benachbarter Stämme problemlos untereinander verständigen.

Strände

Bei rund 36 750 km Küstenlinie gibt es zahllose Strände. Ausgezeichnete Badegelegenheiten sind u. a. zu finden bei: Sapphire Coast um Eden (VIC), Gippsland-Küste südlich von Bairnsdale (VIC), bei Melbourne (Mornington und Bellarine Peninsula), südlich von Adelaide (SA), an der Küste nördlich von Perth (WA), südlich von Perth bei Esperance (WA) sowie an der Ost- und Nordküste von Tasmanien.

Schwimmen ist in Australien nicht immer ganz ungefährlich. Vor allen Küsten gibt es Haie, im Norden (dort auch im Inland) zudem bis zu 6 m lange Krokodile. Deshalb sollte man nur an bewachten Stränden ins Wasser gehen.
Zwischen Oktober und Mai tritt im tropischen Norden der Box Jelly Fish auf, eine Qualle mit oft tödlichem Gift und bis zu 10 m langen Tentakeln. In dieser Zeit sollte man nur an Stränden ins Wasser gehen, die mit Netzen gegen diese Tiere gesichert sind.

Trinkgeld

Trinkgelder zu geben, ist in Australien zumindest in den internationalen Hotels inzwischen üblich. Wer aber darauf verzichtet, erntet keine schiefen Blicke.

Unterkunft

Hotels: »Hotels« haben in Australien eine doppelte Bedeutung: Es können Beherbergungsbetriebe (meist gehobener Kategorie) sein, es können aber auch Kneipen sein, die bestenfalls ein paar schlichte Gästezimmer haben. Deshalb nennen sich auch die meisten Hotels der Mittelklasse und der preiswerten Kategorie lieber Motels. 5-Sterne: ca. 350 $A, 4–4 1/2 Sterne: ca. 250 $A, 3–3 1/2 Sterne: ca. 150 $A, unter 3-Sternen: 55–85 $A (Preis im Doppelzimmer).
Alle Hotelgruppen und viele Einzelhotels offerieren in der Vor- und Nachsaison Sonderpreise. Für die großen Hotels in den Städten gilt das generell auch an Wochenenden.
Manche Pubs haben in den letzten Jahren ihre Zimmer renoviert und offerieren nun einfache, aber preiswerte Unterkünfte, allerdings kann es recht laut sein.
Motels: Motels bieten meist einen Parkplatz vor der Zimmertür an, was sehr praktisch ist, wenn man als Tourist mit viel Gepäck reist. Wie in Hotels ist auch in Motels das Frühstück nicht im Preis inbegriffen. Man kann es jedoch gegen Aufpreis bestellen. Die Motelpreise liegen oft um 80 $A pro Nacht/Zimmer, dafür kann man zwei breite Betten, ein Duschbad, Farbfernseher, Kühlschrank, Telefon und meist auch Klimaanlage erwarten. Viele Motels in den heißen Regionen besitzen ein Schwimmbad. Wie die Hotels haben auch die Motels in jedem Zimmer Wasserkocher, Tassen sowie Tee- und Pulverkaffeebeutel zur kostenlosen Benutzung. Motels bieten in schwachen Geschäftszeiten kräftig reduzierte Preise, es ist durchaus üblich, an der Rezeption nicht nur nach dem Preis zu fragen, sondern auch das Zimmer zuvor zu inspizieren. Gezahlt wird im voraus, wenn man keine Kreditkarten-Ausdruck unterzeichnet. Viele Motels und Touristenhotels haben für ihre Gäste Münzwäschereien. Bisweilen fehlt es an Waschpulver, deshalb sollte man sich im Supermarkt eine große Packung besorgen.

Das Foyer des traditionellen »Hotel Victoria« in Port Melbourne

Farmstays, B & Bs, Ferienwohnungen: Alternativen zu Hotels und Motels sind die Farmstays oder Bed & Breakfast-Unterkünfte und Ferienwohnungen. Die Quartiere auf dem Bauernhof werden meist mit Vollpension und einem Programm mit Sport- und anderen Aktivitäten angeboten. Typisch australisch sind Schafsfarmen oder Outback Stations mit Rinderzucht, die oft riesige Weidegebiete haben. Auf ihnen kann man mit den Stockmen (Cowboys) ausreiten oder ausfahren. Eine Reihe von Farmen hat sich auf den Tourismus konzentriert, bisweilen sind die Gästehäuser dieser Bauernhöfe ziemlich luxuriös und die Preise recht hoch (100–400 $A pro Übernachtung). Bed and Breakfast (B & B) in Privathäusern ist preisgünstiger, obwohl es auch sehr nobel ausgestattete und entsprechend teure Gästezimmer gibt.

Ferienwohnungen und Mietapartments finden sich hauptsächlich in typischen Urlaubsorten und in den Großstädten (um 200 $A). Die Wohnungen sind mit Küchen und allen notwendigen Küchengeräten ausgestattet, meist haben sie eine Kombination aus Küche und Wohnraum, Bad sowie ein oder zwei Schlafräume. Eine der Organisationen, in denen solche Unterkünfte und Farmstays zusammengefaßt sind, ist Bed & Breakfast Australia, P. O. Box 408, Gordon, NSW 2072, Tel. 02/94 98 53 44, Fax 02/94 98 64 38.

Es gibt in Australien keine einheitliche Klassifizierung von Hotels, Motels und Apartments. Deshalb können die Einschätzungen, ob ein Hotel vier oder fünf Sterne tragen soll, sehr unterschiedlich sein. Einen Anhalt bietet der »Australian Accomodation Guide« der Autoclubs, in dem auch Sterne vergeben werden. Ein Stern ist die niedrigste, fünf Sterne die höchste Bewertungsrate. Dieser Guide bewertet auch B & B-Adressen und Campingplätze sowie deren »On-Site Accomodation«, Wohnwagen, die auch pro Nacht vermietet werden, oder kleine einfache Holzhütten.

Camping: Campingplätze findet man in allen Regionen des Landes in ausreichender Zahl, aber in sehr unterschiedlicher Qualität. Im Outback kann man davon ausgehen, daß alle Roadhouses auch Camping-Stellplätze haben. Die Reglements sind – verglichen mit europäischen Standards – eher lässig.

Nur in Nationalparks benötigt man für das Nächtigen einen Permit, den es für einige Dollar zumeist bei den Touristeninformationen gibt.

Ansonsten darf unter Beachtung der üblichen Naturschutzvorschriften überall auch frei campiert werden.

Bahnhof Perth-East: Abfahrt des »Indian Pacific« zur 65-Stunden-Fahrt nach Sydney

Jugendherbergen: Ähnlich preiswert wie Campingplätze sind Jugenherbergen (Preis ca. 35 $A) und Backpacker-Hostels. Für die Jugendherbergen der Youth Hostels Australia (YHA), für die es keine Altersgrenze gibt, ist ein Jugendherbergsausweis erforderlich. Wer diesen nicht aus seinem Heimatland mitbringt, kann beim ersten Aufenthalt in einer australischen Jugendherberge eine International Guest Card erhalten.

Die Herbergen haben Schlafsäle, aber auch Einzel-, Doppel- und Familienzimmer, einige organisieren auch Ausflüge und andere touristische Programme.

In vielen australischen Jugendherbergen kann man per Fax oder über Buchungszentralen Betten im voraus reservieren lassen. Die YHA gibt jährlich ein Herbergsverzeichnis heraus, in ihm wird auch über YHA-Versicherungen und Rabatte bei Partnerfirmen informiert. Weitere Auskünfte erteilt die Australian Youth Hostels Association, National Administration Office, 10 Mallett St, Camperdown, NSW 2050, Tel. 02/95 65 16 99, Fax 02/95 65 13 25.

Eine Auflistung aller Jugenherbergen findet sich im Internationalen Jugenherbergsverzeichnis, das im Buchhandel oder direkt beim Deutschen Jugenherbergswerk erhältlich ist (DJH, Bismarckstraße 8, 32756 Detmold, Tel. 05231/74 01-0, Fax 05231/74 01-49, www.jugendherberge.de). Dort gibt es auch den internationalen Jugendherbergsausweis.

Backpacker Hostels: Neben den offiziellen Jugendherbergen gibt es zahlreiche private Unterkünfte, die sich vornehmlich an jugendliche Reisende wenden und meist als Backpacker Hostels oder ähnlich firmieren. Sie sind sehr unterschiedlich in der Qualität; Adressen guter Hostels werden jedoch unter Backpackern weitergereicht.

Der Wettbewerb zwischen den Betreibern hat dazu geführt, daß an den Flughäfen oft kostenlose Transferbusse warten, um die Backpacker für Übernachtungen zu gewinnen. Die Hostels sind auch in verschiedenen Organisationen zusammengefaßt. Eine ist die VIP Backpackers Resorts of Australia, P.O. Box 600, Cannon Hill, QLD 4170, Tel. 07/38 90 27 67, Fax 07/33 48 85 66.

Verkehrsmittel

Ausralien hat ein enges Flugnetz, ein gutes Straßennetz, das auch im Outback stetig ausgebaut wird, und ein nicht allzu enges, aber für Touristen attraktives Bahnnetz.

Flugzeug: Nach dem Konkurs der Ansett Australia dominierte die Qantas (www.qantas.com) lange Zeit den Inlandsmarkt. Nun macht die neue Billigfluglinie Virgin Blue (www.virginblue.com.au) der etablierten Gesellschaft ernste Konkurrenz.

Wer zu entlegenen Plätzen ohne Linienverkehr möchte, kann relativ preiswert kleine Maschinen chartern.

Auto: Das Straßennetz ist aus touristischer Sicht in erster Linie für Mietwagenfahrer und Buspassagiere interessant. In Australien wird links gefahren. Ungewohnt ist das Schalten mit der »falschen« Hand. Das gilt jedoch vornehmlich für Campmobile und Geländewagen, denn die meisten Limousinen haben eine Getriebeautomatik. Bei Fahrten in der Morgen- und Abenddämmerung sowie nachts besteht erhöhte Gefahr, daß ein Känguruh vor das Auto springt. Dabei kann es zu schweren Unfällen kommen. Die Verkehrszeichen entsprechen den internationalen Regeln. Die Promillegrenze liegt bei 0,5, es besteht Anschnallpflicht.
Die Höchstgeschwindigkeit beträgt auf einigen Strecken 110 km/h, sonst 100 km/h, in Ortschaften 60 km/h, in Wohngebieten 40 km/h – Überschreitungen werden rigoros bestraft.
Die australischen Autofahrer sind meist sehr rücksichtsvoll. Nicht gerne gesehen werden deshalb Drängeln und stures Beharren auf dem »Recht des Schnelleren«. Fußgänger erwarten grundsätzlich, daß man am Zebrastreifen anhält – daran sollte man sich unbedingt halten.
Mietwagen: Zum Mieten reicht der nationale Führerschein, Mindestalter 21 Jahre, bis 25 Jahre ist eventuell ein Zuschlag fällig; wer nicht über Kreditkarte abrechnet, muß eine Vorauszahlung leisten. Alle größeren internationalen Autovermieter sind in Australien vertreten, die bisweilen preiswerteren regionalen Vermieter sind nur zu empfehlen, wenn man auch in der Region bleibt und im Pannenfall schnelle Hilfe hat. Bei den Vermietern von Campmobilen und Geländewagen ist darauf zu achten, daß diese in den Städten mit internationalen Flughäfen präsent sind, damit man die Wagen nicht unbedingt zum Ausgangsort zurückbringen muß.
Linienbusse: Wer plant, mit dem Bus zu fahren, sollte kostengünstige Buspässe für Trips mit Überlandbussen hierzulande reservieren. Die Pässe ermöglichen auf einer vorbestimmten Route eine unbegrenzte Zahl von Stops oder reduzieren die Normalpreise um 50 Prozent (ähnlich einer Bahn Card). Greyhound/Pioneer (Tel. 07/32 58 16 00, Fax 07/32 58 19 10, www.greyhound.com.au) und McCafferty's (Tel. 02/92 12 34 33, Fax 02/92 12 34 66, www.mccaffertys.com.au) teilen sich den Markt. McCafferty's bietet insgesamt neun, Greyhound drei große Rundreise-Karten an.

Känguruhs sind allgegenwärtig

Bahn: Auch größere Bahnreisen, so z.B. Fahrten in den beliebten Luxuszügen Eastern and Oriental Express, Indian Pacific oder die soeben erweiterte Reise mit dem »Ghan« von Adelaide nach Darwin, sollte man wegen geringer Sitzplatzkapazität unbedingt noch vor der Abreise buchen. Generalagentur der Rail Australia (Britz: Australia), Plinganserstraße 12, 81369 München, Tel. 089/72579550. Eastern and Oriental Express bei: Venice Simplon Express, Sachsenring 85, 50667 Köln, Tel. 0221/3 38 03 00, Fax 0221/3 38 03 33.
Die Züge haben Wagen für First Class-, Holiday Class- und Coach Class-Passagiere. In der 1. Klasse sind die Mahlzeiten in einem eigenen Restaurant im Preis eingeschlossen, für die Holiday-Passagiere gibt es einen weiteren Restaurantwagen, die Coach-Passagiere haben einen Buffetwagen. In der First- und der Holiday-Klasse gibt es Schlafwagenbetten, in der Coach-Klasse Schlafsessel. First- und Holiday-Class haben überdies eigene Salonwagen mit Bar.
Taxi: In allen Städten gibt es Taxis, die Taxifahrer sind in der Regel zuverlässig. Die einheitliche Telefonnummer für den Taxiruf ist 13 22 27. In den Städten erkennt man freie Taxis am eingeschalteten Licht auf dem Dach. Für telefonische Bestellungen und für Gepäckstücke ist ein kleiner Zuschlag fällig.

Zeit

Australien ist in drei Zeitzonen unterteilt. Das riesige Western Australia hat eine eigene Zeitzone, die Western Standart Time (WST). Die Central Standard Time (CST) gilt in South Australia und im Northern Territory. Victoria und Tasmanien gehören wie die restlichen Staaten zu Eastern Standard Time (EST). Zwischen WST und EST liegen zwei, zwischen CST und EST liegt eine halbe Stunde Unterschied: Wenn es in Perth 12 Uhr ist, zeigt die Uhr in Melbourne und Hobart 14 Uhr, in Adelaide und in Darwin 13.30 Uhr. In Victoria und South Australia wird die Uhr von Ende Oktober bis Ende März zur Sommerzeit um eine Stunde vorgestellt, in Tasmanien bereits Anfang März. Die EST ist der mitteleuropäischen Zeit (MEZ) um neun Stunden voraus.

Zoll

Erwachsene Reisende dürfen 250 Zigaretten und 1125 ml Alkohol sowie Geschenke für 400 $A einführen. Jugendliche unter 18 Jahren können Geschenke für 200 $A ins Land bringen. Strikt verboten ist die Einfuhr von Drogen, Waffen, Tier- oder Pflanzenprodukten, darunter auch Lebensmitteln. Wer dagegen verstößt, muß mit hohen Strafen rechnen.

Vorsorge ist geboten auf den Outback-Straßen: »Warnung – Kein Benzin die nächsten 500 Kilometer«

1
2
3
4
5
A
B
C
D
E
F
G
I N D I A N
O C E A N
Timor Sea
Sumba
Baing
Kupang
P. Sawu
P. Roti
Ashmore Is.
Cartier Is.
Scott Reef
Melville Island
Bathurst I.
Cobourg Pen.
Gurig N.P.
Abor. Ld.
Van Diemen Gulf
North Goulburn I.
Wessel Is.
Nhulunbuy
Darwin
Jabiru
Adelaide River
Kakadu Nat.P.
Arnhem Aboriginal Land
Arnhem Land
Pine Creek
Katherine
N.P.
Abor. Ld.
Roper Riv.
Roper Bar
Limmen Bight
Maria I.
Mataranka
Larrimah
Limmen Bight Riv.
Borroloola
Mc Arthur Riv.
Daly Waters
Cape Crawford
Barkly Tab
Elliott
Newcastle Waters
Kalkaringi
Top Springs
Timber Creek
Kununurra
Argyle
Daly Riv. Abor. Ld.
Joseph Bonaparte Gulf
C. Londonderry
Admiralty Gulf
Kalumburu
Bonaparte Archipelago
York Sound
Forrest Riv. Abor. Ld.
Wyndham
Heywood Is.
Buccaneer Arch.
Abor. Land
Mt. Hann 779
Drysdale Riv.
Durack Riv.
C. Leveque
Sunday Strait
Collier Bay Abor. Ld.
Beagle Bay Abor. Ld.
Kimberley
Mt. Ord 937
Mt. Bedford 914
Derby
King Leopold Ras.
Fitzroy Crossing
Fitzroy Riv.
Ord Riv.
Nicholson
Halls Creek
Broome
Rowley Shoal
La Grange
Great Sandy Desert
Sturt Cr.
Tanami Desert
Central Desert Abor. Land
Walmanpa Warlpiri Abor. Land
Tennant Creek
Barkly Ho Roadhous
Northern Territory
Abor. Land
Wauchope
Lander Riv.
Balwina Abor. Land
L. White
L. Mackay
Abor. Land
Sandover Riv.
Mt.Leichhardt 1140
Mt.Octy 694
Wallal Downs
Sandfire Flat Roadhouse
Larrey Pt.
Port Hedland
De Grey Riv.
Dampier Archipelago
Montebello Is.
Barrow I.
Dampier
Roebourne
Marble Bar
Yandeearra Abor. Land
Nullagine
Telfer
Percival Lakes
L. Dora
L. Blanche
Rudall Riv. Nat. P.
Mary Anne Passage
Millstream Chichester N. P.
Pilbara
Hamersley Range
Wittenoom
North West C.
Onslow
Exmouth
Nanutarra Roadhouse
1235
Mt. Frederick
Newman
Jiggalong Abor. Land
L. Disappointment
Yuendumu
1006
Central
L. MacDonald
Haasts Bluff Abor. Land
Mt. Liebig 1525
Mt.Zeil 1511
Glen Helen
Mt.Brassey 1216
Alice Springs
Hale Riv.
Macdonnell Ranges
Gibson Desert
Mt. Madley 534
Austr L. Hopkins
Petermann Abor. Land
L. Amadeus
Katiti Abor. Land
Uluru N. P.
Yulara
Erldunda
Stevensons Peak 1319
868
Ayers Rock (Uluru)
Mt. Cockburn 1138
Aboriginal
Finke
Finke Riv.
Kulgera
Simpso Deser
North West
Mt. Palgrave 700
Paraburdoo
Hamersley Range Nat.P.
Ashburton Riv.
Collier Ra. Nat. P.
Mt. Augustus 1105
Geographe Channel
L. MacLeod
Basin
Gascoyne Riv.
Mt. Gascoyne 789
Kumarina Roadhouse
Western Australia
L. Burnside
Herbert Wash
L. Gillen
Mt. Talbot 623
Warburton
Mt. Squires 705
Land
Tomkinson Ras.
1070
Amata
Musgrave Ras.
1440
Mt. Woodroffe
Mt. Kintore
Mt. Illbillee 917
Mt. Sir Thomas 772
Pitjantjatjara Aboriginal Land
Carnarvon
Gascoyne Junction
L. King
L. Carnegie
L. Wells
Shark Bay
Monkey Mia
Denham
Dirk Hartog I.
Wooramel Roadhouse
Overlander Roadhouse
Mt. Hale 732
Murchison Riv.
Hope Riv.
Wiluna
L. Way
Meekatharra
Abor. Land
Great Victoria Desert
S A
Marla
Oodnadatta
Macumba Riv.
Zuytdorp Cliffs
Twin Peaks
Dalgaranga Hill 652
L. Austin
Kalbarri Nat.P.
Ajana
Mount Magnet
Sandstone
Agnew
Cosmo Newbery Mission
Yeo L.
Laverton
L. Carey
Leonora
Maralinga - Tjarutja Abor. Lands
L. Maurice
Military Training Area
Maralinga
Woomera Prohibited Area
Coober Pedy
L. Eyre Nat. P.
Andamook
Opal Field
Roxby Downs
Northampton
Geelvink Chan.
Yalgoo
Mullewa
Mongers L.
L. Barlee
Plumridge Lakes
Jubilee L.
L. Minigwal
Geraldton
Morawa
Paynes Find
L. Moore
Menzies
L. Rebecca
Abor. Land
Nullarbor Plain
Deakin
Tarcoola
Dongara
Eneabba
Wubin
Pithara
Kalgoorli
Boulder
Zanthus
Rawlinna
Kingoonya
Badgingarra
Koolyanobbing
Coolgardie
Nullarbor N. P.
Yalata Abor. Lands
Lake Everard
L. Gairdner N. P.
Lake Gairdner
Cervantes
Moora
L. Lefroy
Eucla Basin
Eucla Motels
Head of Bight
Coorabie
Penong
Fowlers Bay
Ceduna
Mt. Kolendo 488
Goomalling
Merredin
Southern Cross
L. Cowan
Balladonia Motel
Nuyts Archipelago
Perth
Northam
The Johnston Lakes
Norseman
Twilight Cove
Great
Streaky Bay
Buckleboo
Fremantle
Darling Ra.
Kulin
L. Dundas
Pt. Culver
Anxious Bay
Kyancutta
Kimba
Mandurah
Narrogin
F. Hann N. P.
Salmon Gums
Tower Pk. 524
Cape Arid Nat.P.
Israelite Bay
Cape Pasley
Australian Bight
Flinders I.
Port Kenny
Elliston
Eyre Pen.
Wal
Williams
Wagin
Lake Grace
Ravensthorpe
Esperance
Mount Hope
Bunbury
Geographe Bay
C. Naturaliste
Collie
Kojonup
Busselton
Bridgetown
Esperance Bay
Jerramungup
Fitzgerald River Nat.P.
C. Knob
Archipelago of the Recherche
Coffin Bay N. P.
Port Lincoln
Lincoln N. P.
C. Spencer
Augusta
C. Leeuwin
Manjimup
Mount Barker
1110
Stirling Ra. N. P.
Pemberton
Flinders Bay
D'Entrecasteaux Nat. P.
Walpole
Albany
Bald Head
Investigator Strait
Cape Borda
Flinders Chase Nat. P.
Spencer
I N D I A N
O C E A N

Autobahn - Fernstraße - Hauptstraße
Hauptbahn - Nebenbahn
Wichtiger internationaler Flughafen - Flughafen
Hauptstadt eines souveränen Staates
CANBERRA
Verwaltungshauptort
MELBOURNE
Provinzgrenze
Reservat
Aboriginal Land
Nationalpark
Kalbarri Nat. P.
1:12.000.000
0 100 200 300 400 500km
6
7
8
9
10
A
B
C
D
E
F
G
Gulf of Carpentaria
Cape York Pen.
Great Dividing Range
Great Artesian Basin
Coral Sea Islands Territory
Coral Sea
Tasman Sea
Nouvelle-Calédonie (Fr.)
New Georgia Group
Great Barrier Reef Marine Park
Wet Tropics of Queensland
Central Eastern Australian Rainforest
Queensland
New South Wales
Victoria
Darling Downs
Murray Basin
Riverina
Flinders Ranges
Lake Eyre
Sturt Stony Desert
Simpson Desert N.P.
Cape York
Bamaga
Weipa
Lockhart River
Cooktown
Mt. Finnigan 1148
Cape Melville
Cape Flattery
Mossman
Cairns
Innisfail
Townsville
Mackay
Rockhampton
Gladstone
Bundaberg
Maryborough
Gympie
Caloundra
BRISBANE
Gold Coast
Toowoomba
Mount Isa
Cloncurry
Camooweal
Burketown
Normanton
Karumba
Croydon
Richmond
Hughenden
Winton
Longreach
Barcaldine
Emerald
Charleville
Roma
Morven
Mitchell
Cunnamulla
St. George
Goondiwindi
Warwick
Lismore
Ballina
Grafton
Coffs Harbour
Armidale
Tamworth
Port Macquarie
Newcastle
Maitland
SYDNEY
Wollongong
Canberra
A.C.T.
A.C.T. = Australian Capital Territory
Mt. Kosciusko
Bourke
Cobar
Broken Hill
Dubbo
Orange
Bathurst
Wagga Wagga
Albury
Mildura
Adelaide
Port Augusta
Port Pirie
Whyalla
Mount Gambier
Portland
Geelong
MELBOURNE
Bendigo
Ballarat
Cape Howe
Wilsons Promontory Nat. P.
Bass Strait
King I.
Flinders I.
Furneaux Group
Cape Barren Island
Kent Group
Tasmania
Devonport
Launceston
Hobart
Mt. Ossa 1617
Queenstown
Macquarie Harbour
Western Tasmania N.P.
South East Cape
Lord Howe I. (Austr.)
Ball's Pyramid
Middleton Reef
Elizabeth Reef
Osprey Reef
Flinders Reef
Lihou Reefs and Cays
Marion Reef
Mellish Reef
Saumarez Reef
Wreck Reef
Cato I.
Swain Reefs
Fraser I.
Moreton I.
Woodlark I.
d'Entrecasteaux Is.
Normanby I.
Vangunu
Russell Is.
Guadalcanal
Bellona I.
Rennell I.
Indispensable Reefs
Récifs et Île de Sable
I. Chesterfield
Récifs Bellona
Wellesley Is.
Mornington I.
Groote Eylandt
C. Wessel

Register

Seitenzahlen die auf Infoseiten hinweisen, sind **fett** gedruckt. Die Koordinaten in Klammern beziehen sich auf die Karte Seite 112 / 113.

Lieferbare Ausgaben

Afrika/Naher Osten
67 Ägypten
64 Arabien – V. A. Emirate · Oman · Kuwait Qatar · Bahrain
52 Indischer Ozean – Madagaskar · Mauritius La Réunion · Seychellen · Komoren
72 Marokko
61 Namibia
71 Tunesien · Libyen

Australien/Ozeanien
45 Australien – Melbourne · Tasmanien · Westen
18 Neuseeland
38 Südsee

Europa
54 Madeira – Azoren · Kapverden

Süd-/Südostasien/Ferner Osten
12 Bali · Lombok · Java
10 Hongkong
53 Indien: Rajasthan – Delhi · Agra
39 Indien: Südindien
43 Peking
69 Philippinen
34 Sri Lanka und Malediven
49 Südkorea
70 Thailand
36 Vietnam

Süd- und Mittelamerika, Karibik
44 Argentinien
57 Chile
55 Dominikanische Republik · Haiti
63 Ecuador und Galápagos-Inseln
60 Jamaika
65 Kleine Antillen – Antigua · Guadeloupe · Martinique · Barbados u. v. a.
33 Kuba
21 Mexiko
51 Peru

USA/Kanada
58 Alaska
62 Florida
2 Kalifornien
32 Kanadas Osten – Québec · Ontario
68 Las Vegas – Grand Canyon
46 Neuengland – Boston
56 Nordwesten – Washington · Oregon
66 Route 66
26 Südwesten
59 Texas

Impressum

2., aktualisierte Auflage 2005
Verlag:
HB Verlag, Marco-Polo-Zentrum, 73760 Ostfildern, Postfach 3151, 73751 Ostfildern, Tel. 0711/45 02-0, Telefax 0711/45 02-135, Internet: www.hb-verlag.de, E-Mail: info@bildatlas.de
Geschäftsführer:
Dr. Thomas Brinkmann, Dr. Stephanie Mair-Huydts

Chefredaktion und Programmleitung:
Rainer Eisenschmid, Birgit Borowski
Redaktion:
Jörg Gensel, Hamburg

Text: Dr. Klaus Viedebantt, Frankfurt/Main; Aktualisierung 2005: Wolfgang Veit, München
Fotografie: Thomas P. Widmann, Regensburg
Zusätzliches Bildmaterial:
Titel: HB-Verlag/Gaasterland/Teschner
Grafische Gestaltung:
Gerhard Keim, Frankfurt/Main
Karten:
Seite 112/113: © MAIRDUMONT GmbH & Co. KG, Ostfildern
Seite 22, 56 und 74: Kartographie Huber, München

HB-Bildatlas Special Fotoservice:
HB-Verlag, Marco-Polo-Zentrum, 73760 Ostfildern,
Tel. 07 11/45 02-266, Fax 07 11/45 02-10 06, a.nebel@mairdumont.com

Vertrieb Zeitschriftenhandel:
Partner Pressevertrieb GmbH, Postfach 810420, 70521 Stuttgart, Telefon 07 11/72 52-227, Telefax 07 11/72 52-310
Vertrieb Abonnement:
Zenit Pressevertrieb GmbH, Postfach 810640, 70523 Stuttgart, Telefon 07 11/72 52-265, Telefax 07 11/72 52-333, hbverlag@zenit-presse.de
Vertrieb Buchhandel und Einzelhefte:
MAIRDUMONT GmbH & Co. KG, Marco-Polo-Zentrum, 73760 Ostfildern, Telefon 07 11/45 02-0, Telefax 07 11/45 02-340

Anzeigenalleinverkauf:
KV Kommunalverlag GmbH & Co. KG, MediaCenterMünchen, Postfach 810565, 81905 München,
Telefon 089/92 80 96-44 oder -52,
Telefax 089/92 80 96-62
kramer@kommunal-verlag.de,
www.mediacentermuenchen.de

Reproduktionen:
Otterbach Medien KG GmbG & Co., Rastatt
Druck und buchbinderische Verarbeitung:
Schnitzer Druck GmbH, Korb
Printed in Germany

ISBN 3-616-06445-7

Titelbild: Aborigine bei einem Stammestreffen